Engager l'élève du primaire en lecture

Engager l'élève du primaire en lecture

Catherine Turcotte

Avec la participation de
Nancy Bérubé, Dany Blain, Lucie Nadeau

 Chenelière
Éducation

Engager l'élève du primaire en lecture

Catherine Turcotte

© 2007 Les Éditions de la Chenelière inc.

Édition : Marie-Hélène Ferland
Coordination : Nadine Fortier
Révision linguistique : Sylvie Bernard
Correction d'épreuves : Sarah Bernard
Conception graphique et infographie : Fenêtre sur cour
Conception de la couverture : Andrée Lauzon
Illustrations : Jean Morin
Impression : Imprimeries Transcontinental

Catalogage avant publication de Bibliothèque et Archives nationales du Québec et Bibliothèque et Archives Canada

Turcotte, Catherine, 1977-

Engager l'élève du primaire en lecture
Comprend des réf. bibliogr.

ISBN 978-2-7650-1751-6

1. Élèves du primaire - Livres et lecture. 2. Lecture, Goût de la. 3. Lecture (Enseignement primaire). I. Titre.

Z1037.A1T87 2007   028.5'34   C2007-940717-X

**Chenelière
Éducation**

7001, boul. Saint-Laurent
Montréal (Québec)
Canada H2S 3E3
Téléphone : 514 273-1066
Télécopieur : 514 276-0324
info@cheneliere.ca

Dépôt légal : 2e trimestre 2007
Bibliothèque et Archives nationales du Québec
Bibliothèque et Archives Canada

Imprimé au Canada

1   2   3   4   5   ITM   11   10   09   08   07

Nous reconnaissons l'aide financière du gouvernement du Canada par l'entremise du Programme d'aide au développement de l'industrie de l'édition (PADIÉ) pour nos activités d'édition.

Gouvernement du Québec – Programme de crédit d'impôt pour l'édition de livres – Gestion SODEC.

Dans cet ouvrage, le masculin est utilisé comme représentant des deux sexes, sans discrimination à l'égard des hommes et des femmes, et dans le seul but d'alléger le texte.

Remerciements

Je veux remercier les trois enseignants, Dany, Lucie et Nancy, qui ont participé à cet ouvrage. Grâce à eux, j'ai pu trouver des idées pour expliquer mes concepts, et ensuite mettre des mots sur ces idées. Quel privilège de les avoir rencontrés !

Michelle Bourassa, toi qui connais le vrai sens du mot « accompagner », reçois toute ma gratitude. Il y a des personnes comme ça qui vous incitent à vous améliorer et cela se répercute sur le reste de votre vie.

Merci à mes amis, mes grands amis qui êtes tellement précieux, surtout ceux qui ne disent jamais un mot plus haut que l'autre quand je leur annonce un nouveau projet qui ne tient pas encore debout. J'en ai, de la veine. D'abord, Nathalie, ma grande complice dangereuse, Jean-Sébastien et sa famille, des amis tendres et solides comme j'en ai besoin. Puis, Marie-Julie, qui me nourrit de discussions sur l'enseignement et l'apprentissage.

Merci aussi aux Éditions de la Chenelière, qui ont fait acte de patience envers la nouvelle auteure que je suis.

Ma famille, enfin, mais surtout. Merci à mes parents qui ont contribué à ce goût de la lecture en accordant toujours beaucoup d'importance à l'éducation ; à mon frère Philippe, qui enseigne et me nourrit d'histoires racontées avec tellement d'humour ; à Matilde, ma petite étoile, qui me laisse travailler entre deux tétées ; à Marco, mon compagnon, qui embarque littéralement dans tous mes bateaux sans se soucier de la tranquillité de la mer ou de la direction des vents. Tout ce qu'il me dit, c'est : « On le fait, puis on verra, *chiquita.* » Voilà, une mer vient d'être traversée sans trop de cassures. Il avait encore raison.

Préface

Lire, c'est devenir libre

Je ne sais pas ce que les enfants désirent le plus à l'heure du dodo. Est-ce l'histoire ou le fait d'être collé-collé sur papa-maman. Mais, pour tout dire, la réponse m'importe peu. Tout ce que je sais, c'est que chaque fois que je lis à un enfant (les miens ou ceux des autres), je pose des plumes sur ses ailes. Je le mène dans le grand vent et, sans aucun remord, je le laisse partir. Seul.

Moi, je suis devenu ce que j'ai lu dans ma vie. Tous les mots, images, expressions, vers, strophes, chansons, citations, etc. ont participé à ma liberté. Chaque livre que j'ai ouvert sans exagérer m'a donné un petit plus sur moi. Parfois noir et parfois blanc, mais toujours moi. La lecture s'offre. Il faut la cueillir. Mais elle est patiente. Si nous ne la cueillons pas, elle attendra. Toujours fraîche. Puis, un jour, un jardinier nous suggère et on cueille. Là, tout commence. Le vent se lève et puis l'envol. C'est tellement bon !

Lire, c'est assumer qu'on est libre.

Je me plais à croire que s'il y a eu dans nos vies des Gaston Miron, des Yves Thériault, des Anne Hébert, des Marie Laberge, des Félix Leclerc, des Bryan Perro, des Jean-Paul Daoust, des Sylvain Lelièvre, des Marie-Claire Blais, des Élise Turcotte, des Gilles Vigneault, et combien d'autres et de plus loin encore, c'est qu'il y a eu derrière ces gens des parents ou des enseignants vendus à la cause du livre et de la lecture. Mais surtout à la cause de la liberté. Ces gens sont devenus des porte-parole d'une vie de verbes géants, de qualificatifs surprenants, de compléments parfaits. Ils sont devenus les portiers d'un monde auquel nous aussi avons accès. Ce n'est pas un monde pour l'élite seulement. Oh ! non !

Nous aussi, nous avons le mandat, comme eux, de pousser la porte et de porter la parole de la lecture. Je vois d'ici quelques façons de le faire. Primo, prêchons par l'exemple. Lisons. Aucun film, aussi bon soit-il, ne peut offrir autant de réconfort, d'intimité, de paix et de liberté. Personne ne traduira pour nous ce que nous souhaitons ou désirons vivre. Nous seuls, avons le contrôle sur la « zapette » de l'imaginaire. Secundo, laissons traîner des livres dans la maison, toutes sortes de livres (je tiens à dire ici que je serais en faveur d'abolir les groupes d'âge inscrits sur les livres). Un vrai bon livre est sans sexe et sans âge. Faites confiance aux jeunes lecteurs. Ils sont souvent plus intelligents que la lecture elle-même. Tertio, continuer la lecture de cet important document. Prenez cette lecture comme un jardinier qui vous fait faire le tour de son jardin. C'est une plante trop rare que celle écrite par des passionnés comme ceux-ci. Ils ont à cœur cette liberté aussi. Je l'ai cueillie et je la garderai longtemps pour moi et pour eux : Matisse, 9 ans, Sacha, 7 ans et Miro, 4 ans. Mes futurs jardiniers.

Et si je devais émettre un dernier souhait pour les jeunes jardiniers-lecteurs, j'emprunterais les mots de Félix Leclerc…

> J'inviterai l'enfance à s'attarder le temps qu'il faut
> Qu'elle empoche des images pour les soirées d'hiver
> Pour les longues, longues heures de l'adulte
> Qui n'en finit pas de pousser sur l'ennui

Bonne lecture

Martin Larocque
Libre.

Table des matières

Avant-propos

S'engager. Je suis une compagne, une amie, une maman, une doctorante, une lectrice et une adepte du jogging engagée. Je ne vous dirai toutefois pas en quoi je suis désengagée, la liste serait trop longue. Ces choix ne sont pas aléatoires, ils sont plutôt bien sentis. Ce livre a été pour moi la meilleure occasion d'y réfléchir. J'espère qu'il saura mettre l'engagement en lumière chez vous aussi.

Lire. J'ai aussi de multiples occasions de lire et je les saisis la plupart du temps. Cette passion pour la lecture est née d'un ensemble de facteurs, mais il y eut un jour un élément déclencheur : la revue *National Geographic* que mon père recevait chaque mois, tout au long de ma petite enfance. Cette impressionnante revue jaune enveloppée de papier kraft faisait une halte sur le dessus du frigo pour tomber dans les mains de mon père quand il revenait de son travail. Ensuite, juste ensuite, je pouvais la lire (je ne savais pas lire, surtout pas en anglais), déplier l'étonnante carte géographique offerte avec chaque numéro, demeurer en admiration devant autant de choses tout aussi fascinantes les unes que les autres. Plus tard, j'ai lu ces revues et je les ai trouvées encore plus captivantes. Encore aujourd'hui, lorsque j'entre dans une librairie, il m'arrive de diriger mon regard directement vers les magazines, où se trouve ma revue jaune ; je la lis toujours avec autant d'admiration. Cette revue et un tas d'autres textes, des récits, des poèmes, des articles de toutes sortes trottinent ici et là dans ma maison en permanence. Je ne peux donc pas dire que la lecture fait partie de ma vie parce que c'est beaucoup plus intense comme sentiment. La lecture tantôt me projette en mille morceaux, tantôt les rassemble. J'ai écrit ce livre en gardant en tête qu'il y aurait des lecteurs. Quoi de plus merveilleux pour une lectrice ?

S'engager en lecture. Je m'intéresse à ce sujet depuis que je me questionne sur l'enseignement de la lecture au primaire. Comment et pourquoi certains enseignants sont si engagés dans leur pratique et, surtout, dans leur vie de lecteur ? Comment font-ils alors que le temps, les ressources, le soutien, tout semble faire défaut. Et les élèves ? Qui sont ceux qui s'engagent en lecture et comment se distinguent-ils des lecteurs plutôt récalcitrants ? Dans ce livre, je tente d'aborder ces aspects de l'enseignement et de l'apprentissage de la lecture au primaire. Ce livre représente une première piste pour comprendre, réfléchir et agir devant tant d'élèves qui ne s'engagent malheureusement jamais ou qui se désengagent avec le temps en lecture. À vous de poursuivre cette piste ; je crois en l'agentivité de chacun, surtout à celle des enseignants, pour boucler une boucle.

Enfin, j'ai lu récemment un tout petit livre de Nancy Huston. Ce petit récit autobiographique, *Nord Perdu,* aborde le trouble vécu par les exilés qui éprouvent le sentiment étrange de n'appartenir ni à leur culture d'origine, ni à leur culture d'accueil. Ce livre, c'est comme du bon vin. C'est un vrai «petit Jésus en culotte de velours». Faites-vous plaisir, et lisez-le.

Aux enfants, et même aux plus grands, je propose *Rendez-vous n'importe où* de Thomas Scotto. Chaque lecture me dévoile un nouveau détail. C'est sans fin.

Catherine Turcotte

Introduction

La lecture scolaire et celle dite « de loisir » contribuent à l'apprentissage des autres disciplines, à l'élargissement des connaissances sur le monde et sur la langue ainsi qu'à l'épanouissement des petits comme des grands. Avec l'arrivée du nouveau Programme de formation de l'école québécoise, non seulement on enseigne et on évalue la lecture, l'écriture et la communication orale, mais on veut également que les élèves soient en mesure d'apprécier et de réagir aux écrits, de développer leur sens critique lors de leurs lectures, de s'ouvrir sur le monde, d'exploiter l'information et de partager leurs opinions en tant que citoyens actifs. Puisque l'engagement réfère à la durée et à la persistance, les élèves auront la chance de construire ces compétences et bien davantage en s'engageant de façon cognitive et affective en lecture.

Ce livre s'adresse d'abord aux enseignants du primaire, mais il va sans dire que les enseignants du préscolaire comme du secondaire, les parents, les ortho-pédagogues et tous les acteurs du monde scolaire y trouveront des concepts, des théories et des idées qui soutiendront leur compréhension de l'engagement envers la lecture.

L'ouvrage est divisé en trois parties. Afin de mieux comprendre ce qu'est l'engagement, le premier chapitre traite des différents éléments qui le définissent. Deux théories illustrant ce concept sont brièvement présentées : l'expérience optimale et la résonance. Ce chapitre offre donc de l'information à toute personne désireuse de comprendre l'engagement de façon plus générale. Le chapitre 2 s'attarde plus particulièrement à l'engagement des élèves en lecture, puis à celui des enseignants. Les composantes de cet engagement y sont explicitement énoncées et des pistes concrètes d'intervention sont proposées. Les lecteurs plus impatients d'entrer dans le vif du sujet voudront peut-être commencer par lire ce second chapitre qui nous amène directement en classe pour aborder l'engagement en lecture. Enfin, le chapitre 3 rassemble les témoignages de trois enseignants du primaire qui misent sur l'engagement en lecture pour assurer, d'une part, le progrès de tous et, d'autre part, un climat de classe stimulant. Ils nous livrent leur expérience personnelle et l'essentiel de leur pratique ainsi que leurs valeurs et objectifs. Ce qu'ils nous disent nous force à nous remettre en question et nous pousse vers l'amélioration.

Ce livre a été rédigé pour que des enseignants passionnés ou voulant développer leur passion et celle des élèves envers la lecture puissent y trouver quelques idées. Or, comme il est possible de le constater à travers les pages de ce livre, l'engagement est un concept tellement personnel que mon souhait serait que cet ouvrage inspire sans diriger. Je vous lance la balle, à vous de l'attraper et de la relancer.

CHAPITRE 1

Qu'est-ce que l'engagement ?

Depuis trois ans, il plantait des arbres dans cette solitude. Il en avait planté cent mille. Sur les cent mille, vingt mille étaient sortis. Sur ces vingt mille, il comptait encore en perdre la moitié, du fait des rongeurs ou de tout ce qu'il y a d'impossible à prévoir dans les desseins de la Providence. Restaient dix mille chênes qui allaient pousser dans cet endroit où il n'y avait rien auparavant.

Jean Giono, *L'homme qui plantait des arbres*

Certaines personnes s'investissent corps et âme dans des disciplines sportives exigeantes, par exemple le *Iron Man* (3,8 km de nage et 180 km de vélo suivis de 42,2 km de course à pied !) ; d'autres déploient de l'énergie et consacrent du temps jamais compté à un parti politique ; d'autres encore vont même jusqu'à repousser la date de leur retraite pendant des années parce qu'ils aiment trop leur travail ! Qu'est-ce qui les pousse à persévérer ainsi ?

L'engagement est un concept fascinant puisqu'il conjugue des aspects cognitifs et affectifs. Lorsqu'on s'engage, que ce soit dans une relation, un travail, une activité, un groupe ou autre chose, on investit des efforts. Mais cet engagement engendre aussi des émotions positives. De plus, ce qui motive l'engagement avant tout, c'est le sens que revêt cette relation, ce travail, cette activité. On ne s'engage réellement que dans ce qui est signifiant pour soi. Personne ne tient à s'investir personnellement dans un domaine ou une expérience de vie qui n'a pas de sens pour lui.

Trois éléments constituent l'engagement : les **efforts liés aux conditions affectives** ; les **efforts liés aux conditions cognitives** ; et le **sens.** Ce premier chapitre présente ces composantes et en offre des exemples.

Les conditions affectives nécessaires à l'engagement

L'engagement est accompagné de conditions affectives qui permettent de ressentir des émotions positives, lesquelles poussent à s'investir à long terme. Trois conditions importantes sont décrites dans les parties suivantes : le **sentiment de compétence**, la **motivation** et le **plaisir**.

Le sentiment de compétence

Les humains cherchent à vivre des expériences positives et satisfaisantes. Cette recherche de bien-être vient en partie du fait que nous ne jouissons généralement ni du fait d'être passif, ni du sentiment d'être victime de l'environnement ou des événements qui surviennent. Nous aimons avoir de l'emprise sur notre vie, sentir que nous sommes actifs, compétents, et que nous avons le pouvoir de changer ce qui ne nous plaît pas, d'améliorer notre condition et d'exercer un certain contrôle sur ce qui nous arrive.

Choisir un livre soi-même est plus stimulant que de s'en faire imposer un.

Le sentiment de compétence est en fait lié à notre sentiment de maîtriser nos apprentissages et notre développement. Nous exprimons d'ailleurs quotidiennement le besoin d'expérimenter des choix personnels dans l'amorce et la gestion de nos comportements. Par exemple, lorsque nous choisissons nos repas, nos loisirs ou nos projets de vacances, nous exerçons notre liberté et mettons en œuvre nos compétences. À cet égard, les êtres qui autodéterminent leur comportement affichent des **gains d'apprentissage,** des **émotions positives,** de la **performance,** de la **persistance** et des **résultats positifs** (Reeve, 2004).

Un tel besoin d'autonomie se manifeste d'ailleurs dès le tout jeune âge. Un bambin qui veut grimper, tenir seul sa cuillère et enfiler lui-même ses bottes est justement en train de gagner de l'autonomie et d'acquérir du contrôle sur sa vie. Pourtant, si on l'oblige à manger seul, il refusera peut-être de le faire puisqu'on le lui a imposé. Il est facile de faire le lien avec la lecture : choisir soi-même un livre est vraisemblablement plus stimulant que de s'en faire imposer un.

Ce besoin d'interagir de façon efficace avec notre environnement reflète le désir d'exercer ses compétences et ses habiletés afin de rechercher des défis et de les maîtriser (Bandura, 2003). Tous les humains peuvent se rappeler et décrire un événement où ils ont particulièrement ressenti de la fierté. Aussi nommé le «sentiment de compétence» ou «d'autoefficacité», le sentiment d'avoir réussi est un puissant propulseur. Atteindre son but, c'est aussi recevoir une rétro-action positive de l'environnement, ce qui satisfait notre besoin de compétence et nous encourage à chercher de nouvelles occasions de relever des défis pour apprendre et nous développer. Retirer de la fierté et renforcer son sentiment de compétence signifie donc que nous reconnaissons notre responsabilité dans le succès et dans l'atteinte d'un but.

Ce sentiment de compétence détermine également nos choix et nos succès. En effet, croire que nous pouvons relever un défi peut avoir des effets très positifs sur les efforts que nous y consacrons. Bien des études réalisées auprès d'élèves en train d'accomplir une tâche scolaire ont démontré que leur sentiment de compétence était directement lié à leur performance (Galand et Vanlede, 2004 ; Schunk et Zimmerman, 1997). Bref, pour s'engager dans une activité, il faut non seulement avoir le sentiment d'être actif et autonome, mais il est également nécessaire d'avoir la conviction qu'on peut réussir. Se croire un bon lecteur serait donc un préalable important pour une personne désirant s'engager en lecture.

> Le sentiment de compétence, est le sentiment d'exercer un contrôle efficace sur nos apprentissages et notre développement.

La motivation

La motivation et l'engagement sont cousins ; ils se ressemblent, tout en étant bien différents. C'est l'**action** qui différencie l'engagement de plusieurs autres concepts qui peuvent paraître semblables, tels la motivation ou l'intérêt. Alors que ces derniers peuvent être des conditions pour s'engager, ils ne supposent pas nécessairement l'action libre, consciente et volontaire. La motivation est plutôt ce qui incite à s'intéresser, à s'engager et à persévérer dans une activité pour atteindre un objectif (Viau, 1994), idéalement fixé par soi-même. On peut décrire la motivation comme étant la **raison poussant quelqu'un à s'engager**.

Lorsque le point d'ancrage de la motivation est directement établi au sein des désirs, des buts et des aspirations de la personne, on la qualifie d'« **intrinsèque** ». Par exemple, les élèves qui réalisent une tâche dans le but d'apprendre ou de développer des compétences ont une motivation intrinsèque. Ils montrent de l'intérêt envers l'apprentissage, sont stimulés par le défi, déploient des efforts et de la persistance, et exhibent un haut niveau d'autonomie (Dweck, 2000). La motivation intrinsèque provoque ainsi un engagement à long terme.

La motivation **extrinsèque,** de son côté, est plutôt issue de circonstances externes tels une récompense, un salaire, des attentes venant d'une tierce personne, etc. À cet égard, il n'est pas rare de voir des élèves lire un texte parce qu'on les oblige à le faire et non parce qu'ils en ont envie. Les élèves qui montrent une telle motivation sont davantage centrés sur le résultat, dans le but de paraître compétents aux yeux des autres ou d'obtenir des réponses justes, sans se soucier nécessairement de l'apprentissage qu'ils réalisent (Horner et Schwery, 2002). Ils abandonnent ainsi plus facilement la tâche et montrent peu d'autonomie devant les difficultés. Enfin, s'ils échouent, ils attribuent cet échec à des causes extérieures et non à leur manque d'efforts ou à leurs difficultés. Leur engagement est alors plus temporaire et centré sur une situation particulière.

> La motivation intrinsèque est issue des désirs, des aspirations, des champs d'intérêt et des objectifs personnels de l'individu.

Même si la motivation extrinsèque peut parfois pousser à s'investir dans une activité, c'est plutôt celle qualifiée d'intrinsèque qui est directement et inextricablement liée à l'engagement à long terme.

Le plaisir

Une personne peut, à première vue, sembler posséder une motivation intrinsèque pour une activité, croire qu'elle réussira et détenir toutes les compétences préalables à sa réalisation, sans toutefois vouloir s'y engager à long terme lorsque le plaisir n'est pas de la partie. Cet élément met en lumière une dimension importante liée au bien-être et à la satisfaction qui demeure nécessaire à l'engagement. L'appréciation subjective des diverses expériences de notre vie n'est pas un domaine d'études moins sérieux, plus ésotérique ou futile. Il existe même une revue scientifique, *Journal of Happiness Study*, qui examine de fond en comble la question du bonheur et de ses différentes conditions.

Pour que nous nous engagions, l'expérience ne doit pas seulement nous rendre fiers; nous devons aussi en retirer des émotions positives liées au plaisir, telles des **sensations physiques agréables** ou de la **plénitude**. De ce fait, on peut être porté à croire que seuls les loisirs peuvent nous procurer de tels émotions et sentiments. Or, le psychologue américain Mihaly Csikszentmihalyi a publié les résultats d'une étude (2004) montrant que des centaines de personnes retirent davantage d'émotions positives du travail que du repos ou des loisirs, leur travail leur donne donc un sentiment d'accomplissement personnel. Si l'on tient compte des concepts décrits précédemment, soit la motivation et la compétence, ses résultats ne sont pas insensés, puisque le travail fait davantage appel au sentiment de compétence et à la motivation que peuvent le faire, par exemple, les activités de loisirs.

Source : Robert Ivanov/iStockphoto

Sur le plan biologique, le cerveau joue un grand rôle dans l'atteinte ou non du plaisir. S'engager dans une activité stipule la mise en marche d'une action. Notre cerveau nous incite d'ailleurs à commettre certaines actions pour permettre la survie du corps. Par exemple, dormir, manger, se reproduire et se protéger assurent cette survie et se trouvent donc récompensés par le cerveau, qui génère une sensation agréable. Or, bien d'autres activités qui ne sont pas liées à la survie de l'espèce humaine procurent cette même sensation. Lorsque nous ressentons du plaisir, c'est en partie grâce au système nerveux qui libère un neurotransmetteur nommé dopamine. Ce dernier a un effet sur notre humeur et nos comportements puisqu'il informe l'organisme qu'il sera récompensé, d'où le désir de revivre cette sensation. Il est donc normal de vouloir répéter des expériences qui nous apportent des sensations agréables, ce qui crée aussi l'engagement.

> Pour en savoir plus sur le cerveau :
>
> <www.lecerveau.mcgilca/flash/index_a.html>

La lecture est une véritable source de plaisir.

Les lecteurs engagés parleront de leurs expériences de lecture comme d'une véritable source de plaisir. Bien souvent, ils ne voient pas le temps filer et oublient tous leurs tracas. Certains diront même qu'ils se sentent emportés par cette expérience et qu'ils sont constamment à la recherche de ce sentiment. Les théories présentées à la fin du présent chapitre expliquent ce phénomène.

Ainsi, le plaisir est une des conditions de l'engagement. Il génère des émotions et des sensations positives que nous voudrons revivre et pour lesquelles nous serons prêts à investir des efforts.

Les conditions cognitives nécessaires à l'engagement

Pour la grande majorité des activités, surtout en ce qui a trait à l'apprentissage, des **stratégies cognitives** et des **efforts** permettent de s'engager avec confiance et d'apprendre à travers son action.

Les stratégies

Les stratégies ne peuvent à elles seules créer l'engagement dans une activité (Pintrich, 1999 ; Pintrich et Schunk, 2002) ; les dimensions affectives décrites précédemment dans ce chapitre sont aussi nécessaires.

Des stratégies cognitives, métacognitives et de régulation efficaces vont aider tout apprenant à s'engager à long terme en lui permettant de mettre en œuvre des ressources viables et de connaître le succès. Par exemple, lorsqu'il développera ses propres stratégies, un apprenti cuisinier sera peut-être motivé à apprendre, mais il deviendra plus engagé dans son cheminement lorsqu'il réussira ses plats et retiendra des façons de faire efficientes, des trucs, des « tours de main ». D'ailleurs, comme le montre la figure 1.1, un apprenant qui améliore ses stratégies augmente en même temps son sentiment de compétence, ce qui peut former une boucle intéressante (Cox et Guthrie, 2001) !

Les stratégies de lecture efficaces dont il sera question dans le prochain chapitre ne représentent pas nécessairement des gages de succès dans l'apprentissage lié à un autre domaine, la pratique du golf, par exemple. Toutefois, certaines stratégies permettent généralement de s'engager de façon cognitive dans bon nombre d'activités.

Figure 1.1 ● **L'amélioration des stratégies d'un apprenant**

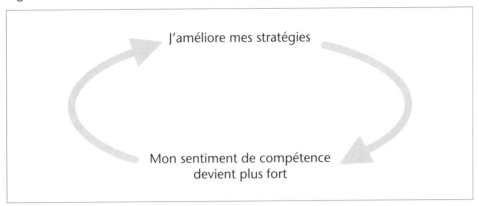

J'améliore mes stratégies

Mon sentiment de compétence
devient plus fort

Les stratégies cognitives sont conscientes et orientées vers un but. Elles sont souvent formées d'une suite d'actions ordonnées, comme celles constituant la démarche scientifique. Elles sont utilisées notamment pour apprendre à résoudre un problème afin d'arriver à une solution. Pour leur part, **les stratégies métacognitives,** permettent de poser une réflexion sur les stratégies cognitives utilisées ou de réfléchir sur notre façon d'apprendre. Elles offrent la possibilité de se distancer des stratégies cognitives pour être reconnues, évaluées et améliorées (Romainville, 1993). **Les stratégies de régulation,** sont celles liées à la concentration et à l'attention, à la sélection de données pertinentes, à la planification d'une tâche et à l'organisation de nouveaux schèmes mentaux (Zimmerman, Bonner et Kovach, 2000).

> Les stratégies sont des modes d'action qui permettent de réaliser une tâche avec succès, de résoudre un problème, d'apprendre de façon efficace et d'atteindre un objectif.

Ces stratégies demandent un certain degré de motivation et un sentiment de compétence élevé, ce qui illustre l'intime relation entre les dimensions affectives et cognitives. Le tableau 1.1 présente des exemples de stratégies liées à l'engagement.

Tableau 1.1 ● **Les stratégies liées à l'engagement**

Stratégies	Exemples
Cognitives	Utiliser ses connaissances antérieures lors de la lecture pour construire sa compréhension du texte.
Métacognitives	Évaluer sa compréhension tout au long de la lecture d'un texte pour déceler les éléments qui l'entravent et être en mesure de reprendre sa lecture.
De régulation	Planifier la lecture d'un texte difficile en se souvenant des bonnes stratégies à utiliser.

L'effort et la persistance sont des signes d'engagement.

L'effort et la persistance

Un marathonien et un passionné d'ornithologie ne consentent pas les mêmes efforts à leur engagement dans leur activité respective. Malgré cela, l'effort et la persistance dans l'utilisation de stratégies ou d'autres ressources sont à la fois des conditions et des signes d'engagement (Schaufeli et autres, 2002). En effet, un **haut niveau d'énergie** est souvent requis lorsque nous sommes engagés dans une activité ou une expérience. Tous ces **efforts**, cette **vigueur**, ce **dévouement** exigent beaucoup de notre part. Un travail cognitif important doit s'opérer pour qu'une personne soit en mesure d'équilibrer les côtés négatifs d'une expérience et ses émotions positives (Dubé, Kairouz et Jodoin, 1997).

> L'effort cognitif et la persistance sont des conditions essentielles pour s'investir à long terme dans une activité.

Ainsi, avoir de bonnes stratégies ne signifie pas que l'on veuille faire les efforts nécessaires pour les utiliser dans n'importe quel contexte. Il faut que les défis et les difficultés soient compensés par des éléments positifs comme de la fierté, de l'intérêt, un sentiment de bien-être, etc. Il faut aussi que la personne soit capable d'évaluer la pertinence de monopoliser autant d'énergie ou d'efforts pour une activité. Par exemple, même de jeunes lecteurs qui éprouvent des difficultés persisteront à lire *Le Seigneur des anneaux*, qui comporte une multitude de lieux, de personnages et qui renferme plusieurs difficultés d'ordre grammatical et syntaxique. Les bénéfices obtenus par cette lecture représentent davantage que les défis qu'elle pose, que ce soit par exemple de pouvoir en discuter avec des amis, de mieux comprendre l'histoire ou encore de pouvoir s'évader à l'aide du livre.

Source : Paul LeFevre/iStockphoto

À l'opposé, pensons à une activité qui nous ennuie profondément. Pour certains, ce serait de remplir sa déclaration de revenus ; pour d'autres, ce serait peut-être l'apprentissage de la trigonométrie ou d'un instrument de musique. Même si nous détenons toutes les stratégies essentielles à la réussite de ces activités, rien n'indique que nous soyons prêts à y investir les efforts cognitifs pour y arriver. Ces activités demeurent longues, lourdes et peuvent être accompagnées d'émotions négatives. Toutes les distractions semblent alors plus attrayantes. Toutefois, lorsqu'elles sont terminées, ces activités risquent d'être rapidement reléguées aux oubliettes. On pourra même dire parfois qu'il n'y a pas eu apprentissage : les tâches ont été réalisées avec le seul objectif de finir pour s'en débarrasser. D'ailleurs, bien des élèves abordent malheureusement la lecture de cette façon.

Le sens : élément nécessaire à l'engagement

Il est difficile de déterminer ce que veut dire «le sens» puisque chacun construit sa définition personnelle selon son histoire et ses propres expériences. Cependant, il est clair que «le sens» dont il est question dans ce livre n'est pas physiologique, linguistique ou physique. La définition accordée au sens, lorsqu'on aborde l'engagement, rejoint plutôt une *direction vers un but à atteindre* ou la *valeur accordée à une expérience* (Bourdages, 2001). Ainsi, pour reprendre les éléments traités depuis le début du chapitre, les conditions affectives et cognitives doivent se conjuguer pour créer l'engagement. Le dernier ingrédient – mais non le moindre – venant compléter cette formule est le sens que revêt l'activité pour la personne qui s'y engage. S'engager en lecture nécessite donc que l'expérience **ait une certaine valeur** ou **réponde à un objectif personnel** comme apprendre, se divertir, s'évader, etc.

Par exemple, pour s'investir, il faut que l'expérience soit **signifiante**, qu'elle ait une **raison d'être**, qu'elle soit **comprise dans le projet global** de la personne, qu'elle se révèle **cohérente, inspirante** et **importante**, et qu'elle exerce une certaine **force d'attraction** (Schaufeli et autres, 2002). Dès que nous nous demandons : «Pourquoi fais-je ça?» ou «Qu'est-ce que je retire de cette expérience?», nous éprouvons un vide sur le plan du sens, lequel est probablement accompagné d'une perte d'intérêt, de motivation et de concentration. L'encadré suivant présente des phrases classiques liées au vide de sens.

Des phrases classiques liées au vide de sens

- Ça sert à quoi ?
- Ça ne rime à rien !
- Je ne comprends pas le but.
- Ça ne répond plus à mes valeurs.
- Je ne vois pas ce que ça m'apporte.

- Cela n'a aucun sens.
- C'est carrément inutile.
- Pourquoi il faut faire ça ?
- Ça ne me donne rien de continuer.

Il n'est pas rare d'entendre des pédagogues affirmer que les activités d'apprentissage doivent être signifiantes pour les élèves. Mais, puisque le sens est à la fois polysémique et pluriel, le défi de proposer des expériences signifiantes à chacun des élèves de la classe en est un de taille. Il en sera question dans le chapitre 2.

> Le sens est un but, une valeur, ce qui guide nos actions et qui donne de l'importance à ce que l'on fait.

Ce premier chapitre se termine avec la présentation de deux théories qui rejoignent celle de l'engagement : la **théorie de l'expérience optimale** et la **théorie de la résonance.** L'objectif est d'approfondir la notion d'engagement et de fournir des exemples inspirants de son application dans différents milieux. Ces théories permettent d'ailleurs à chacun d'entre nous de se reconnaître dans le concept d'engagement.

La théorie de l'expérience optimale

L'Américain d'origine hongroise Mihaly Csikszentmihalyi est un chercheur en psychologie influencé notamment par ses expériences en art et en religion. Il a conceptualisé la «théorie du *flow experience*», traduite en français sous les expressions «expérience optimale», «courant» ou «éveil». Selon lui, les artistes, les athlètes, les travailleurs passionnés et ceux qui ont une vie spirituelle riche se rejoignent tous sur le plan de leur motivation profonde à se dépasser et à atteindre quelque chose de plus vaste que le seul intérêt pour leur personne. Il croit que les humains ont développé des traits caractéristiques qui les poussent à outrepasser la satisfaction des besoins vitaux pour construire de nouveaux apprentissages, chercher des défis et accéder à un mode de vie plus complexe.

La première étude qu'il a menée a été réalisée auprès d'étudiants à l'Art Institute de Chicago. Il avait remarqué que les jeunes artistes entraient pratiquement dans un état second lorsqu'ils peignaient: leur façon de bouger était particulière et ils semblaient s'oublier eux-mêmes, en plus de perdre la notion du temps et de ce qui les entourait. Il a par la suite interrogé des athlètes, des joueurs d'échecs et d'autres artistes sur leur expérience. Lorsque engagés dans leur activité, tous affirmaient **se sentir emportés sans efforts par un courant, ressentir de la confiance, de la puissance et de l'aisance,** sans toutefois avoir peur de perdre le contrôle. Depuis, une vaste équipe de recherche a étudié des dizaines de milliers de personnes sur plusieurs continents et a réalisé que cette expérience était vécue de façon similaire par tout le monde. D'ailleurs, les lecteurs passionnés décrivent exactement le même sentiment lorsqu'ils s'adonnent à leur activité de lecture.

Source: Thomas Perkins/iStockphoto

Ainsi, cette théorie de l'engagement est inspirante puisque chacun peut s'y retrouver. En effet, lorsque nous pratiquons une activité dans laquelle notre personne toute entière est absorbée, nous sommes en train de vivre une expérience optimale. Cette théorie nous aide à comprendre ce qu'est le véritable engagement, celui qui **fait appel à nos stratégies, stimule notre motivation intrinsèque, contribue à notre sentiment de compétence, nous demande des efforts, nous procure du plaisir** et qui, enfin, **est chargé de valeur ou de sens**. Si les animaux ne cherchent qu'à répondre de façon ponctuelle à leurs besoins vitaux, il en va tout autrement pour les êtres humains. Le sentiment d'être emporté et inspiré par notre action est certainement propre au genre humain (Csikszentmihalyi, 1990, 1996, 2004).

> L'expérience optimale, c'est le sentiment agréable d'être emporté par un courant, tout en ressentant de la confiance, de la puissance et de l'aisance, sans toutefois avoir peur de perdre le contrôle lorsque nous réalisons une activité qui nous plaît vraiment.

Ce que cette théorie démontre vraiment, c'est que le concept d'engagement transcende la culture, le sexe et les champs personnels d'intérêt. Chacun de nous rencontre l'occasion de s'engager et de vivre des expériences optimales, ce qui nous permet de vivre une vie plus riche et plus intense. Les arts, le travail, les sports et les loisirs permettent notamment de vivre cette expérience.

La théorie de la résonance

La théorie de la résonance émerge d'un courant nommé la «psychologie positive». Des chercheurs tels Csikszentmihalyi et Seligman se sont alors intéressés à ce qui fonctionne bien chez l'humain, à ce qui peut inspirer une belle vie chez les autres en se basant sur ce qui est **positif au départ** et **satisfaisant dans l'existence des gens qui vivent des expériences signifiantes et qui réussissent dans leurs activités**.

En physique, la résonance agit comme un écho. En psychologie, c'est sensiblement à ce concept que la théorie de la résonance réfère. L'idée de la résonance décrit le processus par lequel les humains expérimentent une **correspondance quasi totale entre l'état dans lequel ils sont et l'environnement dans lequel ils vivent**. Cela leur permet de s'engager totalement dans ce qu'ils font puisqu'ils ressentent une influence réciproque et positive entre eux et les personnes, les objets et le milieu. C'est un sentiment d'**harmonie absolue**. Pour créer cette harmonie, bien des ingrédients déjà mentionnés dans ce livre sont nécessaires. Toutefois, la théorie de la résonance de Newburg (2002) ajoute un élément principal nommé en anglais le *dream feeling,* qui peut être traduit par «la **sensation du rêve**». Dans ce contexte, le rêve est défini davantage comme un projet de vie à long terme que comme une production du psychique survenant durant le sommeil.

> La résonance, c'est de ressentir une correspondance et une cohérence quasi totale entre l'état dans lequel on est et l'environnement dans lequel on vit. Nous éprouvons ce sentiment lorsque l'environnement nous renvoie des réponses positives comme le succès, des émotions agréables, de l'encouragement, etc.

Selon cette théorie de la résonance, les personnes qui arrivent à ressentir cette harmonie absolue dans leurs activités commencent d'abord par avoir un rêve qui représente la façon dont ils ont envie de se sentir au quotidien. Par la suite, ils s'engagent dans la mise en œuvre de ce rêve et, comme tout ceux qui se risquent dans une nouvelle expérience, font face à des obstacles et à des problèmes qu'ils surmontent. Ils revisitent ainsi constamment leur rêve et révisent leur préparation. L'ensemble de ces étapes a comme résultat de très hautes performances dans l'activité choisie et un sentiment de bonheur intense. Ce rêve personnel est beaucoup plus qu'un but à atteindre : c'est une **façon de vivre sa vie**.

Ce rêve mène enfin à des expériences de résonance de plus en plus fréquentes, ce qui engage encore plus la personne à continuer à vivre son rêve.

Des musiciens, des athlètes, des écrivains et des médecins ont décrit ce processus de façon très similaire. Ce qui ressort de leur description, c'est que le succès qu'ils obtiennent au bout du compte n'est pas ce qui les maintient engagés dans leur rêve. C'est plutôt le processus, la liberté et les responsabilités qui accompagnent ce rêve et qui les fait parvenir à destination, qui leur fait ressentir tant d'harmonie, de vibrations et d'émotions positives. En tant qu'enseignant, nous avons la possibilité d'amener les élèves à vivre ce sentiment en mettant l'accent sur le réel plaisir qu'ils peuvent vivre dans les activités que nous leur proposons.

Source : iStockphoto

Conclusion

Pourquoi les humains s'engagent-ils donc? C'est ce qui les porte à vivre des vies meilleures, riches en aspirations, en sensations agréables, en vibrations. Cela leur apporte le sentiment de vivre pleinement, de faire partie d'un monde qui offre des expériences exaltantes et qui fournit des occasions de se sentir en communion avec quelque chose qui souvent les dépasse. Beaucoup de conditions sont nécessaires à l'engagement. L'encadré suivant résume les trois éléments essentiels à l'engagement en lecture.

Les trois éléments essentiels à l'engagement en lecture

Les conditions affectives

- **Le sentiment de compétence:** La perception d'exercer un contrôle efficace sur nos apprentissages et notre développement ou la confiance d'être capable de réussir une activité ou une tâche.
- **La motivation intrinsèque:** Elle est issue des désirs, des aspirations, des champs d'intérêt et des objectifs personnels de l'individu.
- **Le plaisir:** Il est constitué d'un sentiment de plénitude, d'émotions positives ou de sensations physiques agréables qui nous poussent à vouloir revivre une expérience.

Les conditions cognitives

- **Les stratégies:** Il s'agit de modes d'action qui permettent de réaliser une tâche avec succès, de résoudre un problème, d'apprendre de façon efficace et d'atteindre un objectif.
- **L'effort cognitif et la persistance:** L'effort cognitif et la persistance permettent aux apprenants de s'investir malgré les défis et les difficultés.
- **Le sens:** C'est un but, une valeur ou encore ce qui guide nos actions et qui donne de l'importance à ce que l'on fait.

Les deux théories suivantes aident à comprendre comment on s'engage:

- **L'expérience optimale:** C'est le sentiment agréable d'être emporté, tout en ressentant de la confiance, de la puissance et de l'aisance, sans toutefois avoir peur de perdre le contrôle lorsqu'on réalise une activité qui nous plaît vraiment.

- **La résonance:** C'est de ressentir une correspondance et une cohérence quasi totale entre l'état dans lequel on est et l'environnement dans lequel on vit. Nous éprouvons ce sentiment lorsque l'environnement nous renvoie des réponses positives comme le succès, des émotions agréables, de l'encouragement ou le plaisir que nous retirons de nos moments de lecture.

CHAPITRE 2
L'engagement en lecture

Ce petit livre s'appelait *Ursule Mirouët*.

Luo le lut dans la nuit même où le binoclard nous le passa, et le termina au petit matin. Il éteignit alors la lampe à pétrole, et me réveilla pour me tendre l'ouvrage. Je restai au lit jusqu'à la tombée de la nuit, sans manger, ni faire rien d'autre que de rester plongé dans cette histoire française d'amour et de miracle.

Dai Sijie, *Balzac et la petite tailleuse chinoise*

Le premier chapitre nous a présenté les différentes conditions et théories de l'engagement. Le présent chapitre traite plus précisément de l'engagement en lecture, de la problématique du désengagement des élèves du primaire, des caractéristiques des élèves engagés, des besoins des élèves pour s'engager et, enfin, des enseignants engagés en lecture. L'intérêt de ce chapitre réside dans le fait que s'engager en lecture dès le tout jeune âge permet de développer, à long terme, de bonnes habitudes de lecture et une meilleure attitude envers cette activité. À son tour, cet engagement a un effet bénéfique sur le rendement en lecture.

Engager les élèves en lecture dès le primaire

Comme nous l'avons vu dans le premier chapitre, l'engagement ne tombe généralement pas du ciel, et cette règle s'applique aussi lorsqu'il est question des enfants et de la lecture. Dans une salle de classe, surtout à la fin du primaire, bien des élèves montrent une indifférence notable envers les textes et les livres. Cependant, les problèmes d'engagement des élèves ne se limitent pas à la lecture. Du préscolaire au secondaire, la motivation intrinsèque en

regard des études en général décroît, puisque les élèves se sentent de plus en plus aliénés par l'école (Skinner et Belmont, 1993). De plus, en cinquième et en sixième année, les élèves deviennent beaucoup moins confiants à l'égard de leur réussite que lorsqu'ils étaient plus jeunes. Ils sont d'ailleurs plus conscients de leurs échecs que de leurs réussites (Pressley, 2002). Ainsi, plus les élèves vieillissent, plus ils risquent de se désengager.

Plus les élèves vieillissent, plus ils risquent de se désengager.

La problématique du désengagement

Lorsque les élèves ne lisent pas de façon personnelle, leur progrès scolaire est menacé (Worthy, 2002). Certains diront que le manque d'engagement en lecture est surtout apparent chez les élèves montrant des difficultés d'apprentissage, provenant de milieux défavorisés ou ayant accès à des bibliothèques de piètre qualité. Or, des enquêtes réalisées auprès de jeunes Québécois, Français, Ontariens et Américains décrivent une situation encore plus alarmante. En effet, plusieurs études (Gervais, 1997; McKenna, Kear et Ellsworth, 1995; Lebrun, 2004; MEQ, 1994; OQRE, 2003) démontrent que, vers la fin du primaire, les attitudes positives changent, l'intérêt de la majorité des élèves envers la lecture commence à décliner sérieusement et les jeunes pratiquent de moins en moins cette activité. Ces derniers montrent effectivement moins d'engagement au fur et à mesure qu'ils approchent du secondaire. On établit d'ailleurs le moment décisif de la chute de l'engagement en lecture vers 12 ou 13 ans (Lebrun, 2004, p. 105). Toutefois, bien des enseignants notent une perte d'intérêt plus tôt, soit au cours de la cinquième année du primaire. Si vous demandez aux élèves de cet âge ce qu'ils préfèrent entre faire le ménage de leur chambre et lire un livre, vous serez surpris de constater que plusieurs optent pour le ménage.

Les adolescents sont les élèves qui lisent le moins.

Les adolescents sont en effet les élèves qui lisent le moins (Moje et autres, 2000; Swan, 2003). De plus, des lecteurs en difficulté, tout comme des lecteurs qui ont toujours été très compétents, tombent dans le piège du désengagement en lecture (Strommen et Mates, 2004). En effet, même des élèves qui sont de bons lecteurs choisissent délibérément de ne plus lire à cet âge pour une variété de raisons (Alvermann, 2003). Ces élèves qui montrent peu d'engagement sont souvent passifs, n'essaient pas de réussir et abandonnent facilement devant les défis. Ils sont en outre facilement lassés, dépressifs, angoissés ou même en colère à propos de leur présence en classe et des tâches de lecture qu'on leur soumet.

Le lien entre engagement et réussite

Ainsi, plusieurs élèves cessent de lire au cours du primaire ou du secondaire, ce qui représente un fait inquiétant puisque, pour développer sa compétence en lecture, il faut de l'entraînement. À l'opposé, plus les élèves lisent, plus ils sont engagés activement dans leur apprentissage de la lecture et plus ils ont la possibilité de progresser. La lecture, en tant que loisir, contribue d'ailleurs de façon significative au rendement en lecture et à la construction des connaissances sur le monde des élèves (Cox et Guthrie, 2001).

Un élève engagé en lecture devient effectivement meilleur sur les plans de la fluidité, de la compréhension, du vocabulaire en général et du développement cognitif (Worthy, 2002). Plus un élève lit, plus il est à l'aise puisqu'il automatise les différents processus nécessaires à la compréhension du texte. Il prend donc moins de temps pour lire, ce qui augmente ses possibilités de comprendre et de faire des liens entre les différentes parties d'un texte et, par exemple, son expérience personnelle (Horner et Schwery, 2002).

Un chercheur, Keith Stanovich (1986), a établi le lien suivant qu'il a baptisé « l'effet Mathieu » : les bons lecteurs aiment la lecture, ce qui fait qu'ils lisent plus et développent davantage leurs habiletés. Les mauvais lecteurs n'aiment pas lire et, par conséquent, ils ne lisent pas et ne s'améliorent pas. Il existe donc une relation évidente entre le fait de bien lire et d'aimer la lecture. Marie Clay (1991) a développé cette idée qu'elle a nommée le « *self-extending system* ». Selon elle, telle une spirale, plus les élèves lisent et écrivent, plus ils s'améliorent et plus ils sont portés à lire et à écrire. L'encadré suivant présente les bienfaits de l'engagement en lecture.

Les bienfaits de l'engagement en lecture

- Automatisation des processus nécessaires à la compréhension en lecture
- Diminution du temps de lecture
- Augmentation de la fluidité
- Amélioration de la compréhension
- Rendement supérieur en lecture
- Augmentation des connaissances sur le monde
- Développement cognitif
- Création accrue de liens entre les lectures et l'expérience personnelle

Ainsi, l'engagement en lecture est essentiel chez les élèves, et ce, dès le tout jeune âge. Développer des habitudes quotidiennes de lecture commence d'ailleurs dès l'enfance, par l'entremise des parents. En se fiant aux comportements de lecteur des élèves, à leurs habiletés à comprendre et à réciter des histoires, à leur curiosité et à leur intérêt, les enseignants travaillant au préscolaire savent reconnaître ceux qui sont déjà très engagés en lecture, ceux qui commencent à développer des attitudes positives envers la lecture et ceux pour qui le chemin à parcourir avant de s'engager sera plus sinueux.

Dans la prochaine partie, nous explorons différentes caractéristiques de l'élève du primaire engagé en lecture. Que fait cet élève? Qu'est-ce qui le distingue de ses pairs plus récalcitrants à l'égard de la lecture? Il semble que les lecteurs engagés ne développent pas seulement des habiletés de lecture pour répondre à des tâches obligatoires, mais qu'ils les utilisent aussi dans leurs propres activités à l'intérieur de plusieurs contextes (Guthrie et Anderson, 1999). Ils possèdent des croyances, des désirs et des champs d'intérêt qui dynamisent le difficile travail exigé pour devenir un lecteur compétent.

Les caractéristiques des jeunes lecteurs engagés

Les lecteurs engagés choisissent de lire pour un éventail de raisons, notamment pour apprendre et pour s'évader (Gambrell, 1996). Chaque lecteur a cependant ses propres motifs et peut tenter d'atteindre plusieurs objectifs en lisant, selon le contexte dans lequel il se retrouve. La présente partie décrit trois éléments permettant de reconnaître les lecteurs engagés:

- ils lisent pour apprendre;
- ils interagissent au sujet de leurs lectures;
- ils aiment lire et se faire lire des textes.

Ils lisent pour apprendre

En classe comme à la maison ou à la bibliothèque, on reconnaît les lecteurs engagés au fait qu'ils éprouvent le désir d'apprendre. À cet égard, on peut même les qualifier « d'apprenants engagés ». Leur but est d'augmenter davantage leurs connaissances sur ce qui les intéresse. Ils se posent des questions sur le monde et utilisent des stratégies de lecture pour être en mesure d'y répondre (Swan, 2003). Les élèves engagés véritablement veulent satisfaire leur curiosité, ce qui les pousse à activer tout un répertoire de stratégies de décodage, d'interprétation, de compréhension, d'autorégulation et d'évaluation de leur processus de lecture. On considère de plus ces lecteurs comme étant des experts pour apprendre de leurs lectures en se basant sur leurs connaissances antérieures (Gambrell, 1996). Pensons à un lecteur qui visionne un film sur les tornades et qui veut par la suite comprendre ce phénomène. Cette curiosité intellectuelle et ce besoin d'apprendre le mèneront probablement à des livres qui répondront à ses interrogations sur le sujet, qui alimenteront sa soif de savoir et qui l'amèneront sans doute à se poser d'autres questions.

Un autre exemple vient du célèbre roman *Da Vinci Code,* écrit par Dan Brown. À la suite de sa publication, des milliers de jeunes et d'adultes se sont intéressés soudainement aux toiles et à l'histoire de Léonard de Vinci, au musée du Louvre et aux différents lieux de culte présentés dans le livre, ce qui les a poussés à lire sur des sujets sur lesquels ils ne s'étaient jamais penchés auparavant. Bref, un lecteur engagé possède au départ une certaine curiosité envers la vie et il utilise les livres pour accéder à un monde de connaissances et d'expériences nouvelles. (*Voir le questionnaire sur les attitudes des élèves envers la lecture à l'annexe 1, page 81.*)

Source : Kristoff Meller/iStockphoto

Ils interagissent socialement au sujet de leurs lectures

Les lecteurs engagés montrent aussi des comportements qui ne sont pas forcément visibles dans le contexte d'une salle de classe. Par exemple, ils échangent sur les livres au sein d'un cercle social où se côtoient des adeptes de lecture. Ils participent ainsi à des discussions animées sur la lecture avec un grand nombre de personnes, dans le milieu familial et avec les pairs. Certains vont même jusqu'à prendre contact avec leurs auteurs préférés pour aller plus loin dans leur interprétation du récit. David Ward, un auteur anglophone, parle avec beaucoup d'intérêt des lettres de ses jeunes admirateurs. Il racontait récemment qu'un d'entre eux lui a écrit : « Cher David Ward, je suis si content que tu sois toujours vivant ! » David lui a donc répondu : « Mais moi aussi ! » Ce jeune mordu de lecture avait écrit à plusieurs auteurs, dont J.R.R. Tolkien (*Le Seigneur des Anneaux*) et C.S. Lewis (*Les chroniques de Narnia*), mais ces derniers étaient décédés. Ce pauvre lecteur voulait partager ses impressions

Annexe 1

et ses questions avec ses auteurs préférés, mais peu de réponses et de rétroaction lui étaient évidemment offertes.

David Ward, bien vivant, prend plaisir à échanger avec ses lecteurs et à leur donner des trucs d'écriture. Selon lui, l'engagement de ces lecteurs est directement palpable dans les lettres qu'il reçoit. Or, ces dernières sont souvent écrites sur une base personnelle, ce qui signifie que les enseignants ne sont pas toujours conscients des échanges qui surviennent entre un élève et un écrivain ou un autre lecteur.

De la même façon, lorsque des enfants discutent de leurs lectures avec leurs amis en dehors de l'école, ces discussions sont plus personnelles que scolaires et ne ressemblent pas toujours à celles vécues en classe (Ivey et Broaddus, 2001). Ils profitent de ces interactions sociales afin de partager leur interprétation et de construire leur compréhension des œuvres qu'ils lisent (Gambrell, 1996). Bien des gens vont discuter ainsi de films qui les ont personnellement marqués ou qui ont laissé des questions en suspens, lesquelles peuvent mener à de multiples explications. Le phénomène est le même avec la lecture au sein de groupes d'enfants. Souvent, au cours des discussions, de nouvelles questions émergent, ce qui pousse les élèves à chercher de nouvelles lectures qui provoqueront à leur tour d'autres discussions. Ce cercle peut être représenté ainsi :

Figure 2.1 ● **Les discussions d'élèves sur leurs lectures**

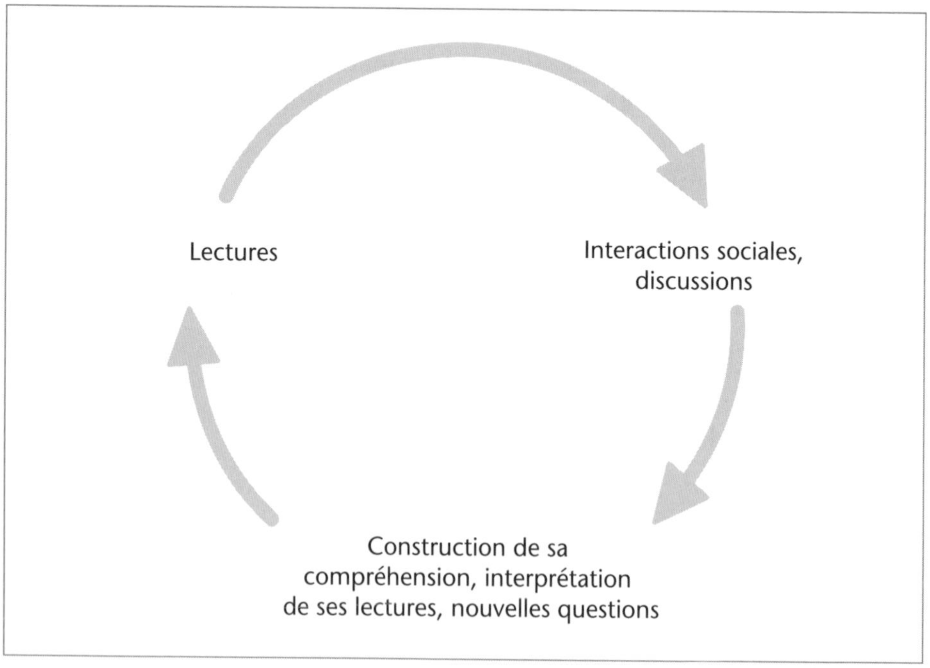

Il apparaît clairement que, pour encourager les élèves à lire, les interactions sociales et les échanges sur la lecture peuvent constituer de bons moteurs.

Ils aiment lire et se faire lire

Au sein de la classe, on reconnaît les lecteurs engagés parce qu'ils lisent avec plaisir, fréquentent la bibliothèque de l'école ou celle de la municipalité, disposent d'un matériel de lecture riche et varié, s'intéressent à des thèmes en particulier ou parfois même à une collection complète de livres. Leurs champs d'intérêt peuvent être divers, tels les histoires d'horreur, les livres sur le sport, les bandes dessinées, les magazines, les histoires d'aventures, les livres de Toupie et Binou pour les petits ou ceux mettant en vedette Harry Potter et Amos Daragon pour les plus vieux, pour ne nommer que ces quelques exemples.

Ces élèves très engagés en lecture voient la lecture loisir comme une partie importante de leur vie et de celle d'autres personnes autour d'eux. Ils aiment la convivialité du livre. Pour eux, le livre est un ami fidèle qu'ils peuvent trimbaler avec eux un peu partout. Ils ont aussi des copains qui ne lisent pas, mais ils jugent que ces derniers « passent à côté de quelque chose » (Strommen et Mates, 2004). Il est également fascinant de constater que les tâches scolaires de lecture sont parfois pour eux très monotones, considérées comme des devoirs qu'ils doivent accomplir rapidement pour avoir ensuite le temps de lire ce qui les intéresse vraiment !

Il est aussi surprenant de constater que les élèves de la cinquième et de la sixième année disent aimer qu'on leur fasse la lecture. Contrairement à ce que l'on pourrait croire, faire la lecture n'est pas une activité que l'on doit réserver aux élèves du premier cycle. Les élèves de la fin du primaire bénéficient également de cette activité. Cela leur donne la chance de découvrir des textes plus sophistiqués et de voir la façon dont l'enseignant les vit de façon personnelle. Ils apprennent également comment lire de façon réfléchie lorsqu'ils sont seuls. En outre, ils lisent et aiment se faire lire parce que cela stimule leur imagination et leur donne des idées et des détails que la télévision ne peut leur apporter. Ainsi, la lecture à haute voix d'histoires, de romans, d'articles de journaux ou de textes de toutes sortes est donc appréciée des élèves de 12 ou 13 ans qui, à première vue, semblent considérer cette activité comme plutôt infantilisante. Le tableau 2.1 (*page suivante*) brosse le portrait des élèves engagés en lecture.

> Lire à haute voix des histoires, des romans, des articles de journaux ou des textes de toutes sortes est donc apprécié des élèves de 12 ou 13 ans qui, à première vue, semblent considérer cette activité comme plutôt infantilisante.

Bien des élèves très engagés en lecture admettent avoir vécu des expériences scolaires marquantes avec des enseignants du primaire qui aimaient lire et qui les encourageaient à le faire (Strommen et Mates, 2004). L'effet de l'enseignant sur l'engagement des élèves en lecture sera également traité dans ce chapitre.

Tableau 2.1 ● **Un portrait des élèves engagés en lecture**

Les lecteurs engagés lisent pour apprendre	• Ils sont curieux et cherchent des réponses en lisant. • Ils utilisent des stratégies de lecture variées pour répondre à leur besoin d'apprendre. • Ils n'apprécient pas toujours les tâches scolaires en lecture et préfère parfois leur propre sélection.
Les lecteurs engagés interagissent socialement au sujet de leurs lectures	• Ils participent à des discussions animées sur la lecture avec un grand nombre de personnes, dans le milieu familial et avec les pairs. • Ils construisent leur compréhension et renforcent leur engagement grâce à cette interaction.
Les lecteurs engagés aiment lire et se faire lire	• Ils lisent avec plaisir. • Ils disposent d'un matériel de lecture riche et varié. • Ils s'intéressent à des thèmes ou parfois même à une collection. • Ils considèrent la lecture loisir comme une partie importante de leur vie. • Ils considèrent le livre comme un ami fidèle. • Ils croient que leurs amis devraient lire. • Ils aiment qu'on leur fasse la lecture, même vers l'âge de 12 ou 13 ans. • Ils ont vécu des expériences scolaires marquantes avec des enseignants qui aimaient lire et qui les encourageaient à le faire.

Enfin, rien ne peut assurer à un enseignant que ses élèves commenceront l'année scolaire avec de bonnes attitudes ou habitudes, et un intérêt marqué pour la lecture. C'est donc à lui de mettre en place un climat et un environnement qui facilitera l'engagement de chacun. Dans la prochaine partie, nous verrons ce dont l'élève a besoin pour s'engager en lecture avec le soutien de l'enseignant et des autres adultes qu'il côtoie.

Ce dont les élèves ont besoin pour s'engager en lecture

Les enseignants, les parents, les entraîneurs et les divers intervenants connaissent bien des façons de favoriser l'engagement des élèves ou, du moins, de les encourager à s'intéresser à une activité ou à terminer une tâche. Le présent chapitre a déjà décrit le portrait des lecteurs engagés. Ainsi, nous connaissons maintenant les caractéristiques d'un tel lecteur. Des facteurs importants pour favoriser l'engagement des élèves, particulièrement en lecture, seront décrits dans la présente partie. Il sera notamment question du sentiment de compétence, de la motivation intrinsèque, de la disponibilité des textes, de la possibilité de faire des choix, de la diversité des activités proposées, des stratégies à développer et de la présence d'une communauté de lecteurs.

Un sentiment de compétence conjugué à des attentes élevées de l'enseignant

Pour se sentir à l'aise avec la lecture, les élèves doivent poser un jugement positif sur leurs propres habiletés et compétences à réaliser cette activité. À ce chapitre, rien n'est plus efficace pour eux que de vivre des expériences de réussite en lecture et de sentir que ce qu'ils accomplissent fonctionne bel et bien. Ces expériences leur permettront d'évaluer positivement leurs stratégies, compétences et habiletés, en plus de développer chez eux le sentiment qu'ils sont capables de réussir, ce qui représente de puissants agents de motivation et d'engagement. Ainsi, pour favoriser l'engagement des élèves, nous devons leur fournir des lectures et des tâches qu'ils sont en mesure de réussir. Cela signifie également que les élèves doivent sentir qu'ils sont compétents aux yeux de leurs pairs et de l'enseignant. On suggère donc de proposer des activités qui respectent le rythme et la façon d'apprendre des élèves, tout en maintenant des attentes élevées envers chacun, même envers ceux qui éprouvent de grandes difficultés. L'important est de faire valoir à l'élève qu'il progresse et qu'il est en mesure de relever de nouveaux défis en y investissant des efforts.

> Pour se sentir à l'aise avec la lecture, rien n'est plus efficace pour les élèves que de vivre des expériences de réussite en lecture.

Pour y arriver : la différenciation

Un tel dosage n'est pas chose facile. La littérature **sur la différenciation de l'enseignement** propose un ensemble de stratégies pédagogiques susceptibles de renforcer le sentiment de compétence des élèves, tout en entretenant à leur égard des attentes élevées mais réalistes. En éducation, la différenciation est vue comme étant l'action d'« investir non pas les mêmes moyens pour tous, mais des moyens proportionnés aux obstacles. Non pas en temps de scolarité, mais en attention, en intelligence, en inventivité, en qualité et en durée de la prise en charge personnalisée [...], les élèves n'ont ni les mêmes besoins ni les mêmes moyens d'apprendre » (Perrenoud, 2003, p. 7). Tomlinson (2000, 2004) explique également que différencier se rapporte aux approches organisées, souples et proactives qui permettent d'adapter l'enseignement et l'apprentissage à tous les élèves d'une classe. Selon cette auteure, cette approche se trouve à l'opposé de ce qu'elle définit comme étant l'approche *one-size fits all,* où le matériel, les contenus, les interventions, l'attention, le temps, le rythme, les attentes, l'évaluation et l'environnement répondent hypothétiquement aux besoins de tous.

Selon Tomlinson (1995), les enseignants peuvent différencier :

- **Les contenus**, afin de permettre à chacun des élèves d'explorer le programme à son rythme. Par exemple, on peut proposer aux élèves de lire sur le cycle de l'eau en offrant des textes variés sur ce sujet (des documentaires, des articles de journaux ou de magazines, etc.) et qui comportent des défis adaptés à différents types de lecteurs.

- **Les processus**, pour ainsi offrir la possibilité aux élèves de construire leur compréhension et de se former leur propre idée sur les apprentissages proposés. En lecture, certains élèves ont besoin de plus de temps et de plus d'accompagnement pour s'approprier un texte et construire leur compréhension. Il faudra peut-être soutenir davantage certains élèves en leur posant des questions, en lisant à leur côté, en modélisant nos propres stratégies, etc.

- **Les produits attendus**, à travers lesquels les élèves peuvent démontrer leur compréhension de façon personnelle. Il est souvent bien intéressant de laisser les élèves choisir la façon dont ils réinvestissent ce qu'ils ont appris dans un texte. Certains voudront peut-être créer un dépliant, d'autres prépareront une saynète ; bref, on leur laisse la chance de démontrer leur savoir et leur savoir-faire de façon personnelle.

- **L'environnement**, pour fournir du matériel touchant leurs champs d'intérêt et répondant à leurs besoins. Les livres et les textes, les tâches et le matériel en classe qui appuient les apprentissages doivent être variés, porter sur des thèmes diversifiés et comporter des niveaux de difficulté adaptés aux différents lecteurs.

De plus, pour arriver à une différenciation sur ces quatre plans, on tient compte de trois aspects :

- **La préparation de chacun des élèves et ses connaissances antérieures.** En ce qui concerne les élèves plus faibles, l'explicitation des tâches et des stratégies ou même de l'étayage peuvent s'avérer nécessaires alors que, pour les élèves plus doués, les tâches doivent être plus complexes et proposer un défi afin d'encourager leur autonomie et de préserver leur intérêt.

- **Les champs d'intérêt des élèves.** Offrir des activités et des textes qui répondent aux champs d'intérêt des élèves leur donne la chance de lire des genres et des contenus qui les captivent, et stimule en plus leur engagement pour les tâches scolaires. D'ailleurs, de telles interventions peuvent créer des lecteurs engagés pour la vie, même lorsqu'ils éprouvent de grandes difficultés au départ.

- **Le profil d'apprenant de chacun.** Tous les élèves ont leur propre façon d'apprendre, des besoins divers et des préférences différentes quant aux moyens utilisés pour progresser. Certains élèves vont par exemple observer les stratégies modélisées par l'enseignant pour s'en inspirer, alors que d'autres vont préférer procéder par essais et erreurs pour arriver sensiblement au même résultat. Certaines théories, telle celle fondée sur les intelligences multiples (Gardner, 1993) qui tient compte des différents degrés d'aptitudes verbo-linguistiques, logico-mathématiques, kinesthésiques, spatiales, musicales, interpersonnelles, intrapersonnelles et naturalistes (Campbell et Sirois, 1999) des élèves, peuvent représenter des outils permettant de mieux différencier les contenus, les processus, les produits attendus et l'environnement. Par exemple, si l'on tient à ce que tous les élèves lisent le même récit, on peut toutefois les laisser présenter leur propre compréhension du texte. Certains élèves, habiles sur le plan spatial, voudront peut-être illustrer les différents moments de l'histoire à l'aide d'un graphique. D'autres élèves qui ont davantage développé une intelligence kinesthésique auront peut-être envie de mimer certains extraits. Les élèves qui, pour leur part, ont une intelligence intrapersonnelle développée, préféreront peut-être écrire leurs réactions sur une fiche ou dans un journal. Toutes ces façons d'apprendre, de comprendre et de construire sa compréhension sont personnelles, valables et riches. Autant les partager et, surtout, les respecter.

Ainsi, ces interventions peuvent donner un bon coup de pouce aux élèves qui manquent de confiance en lecture et qui vivent rarement des réussites. Rappelons que les élèves qui éprouvent un sentiment de compétence fragile seront souvent très conscients des attentes faibles et de la mésestime provenant des adultes de leur entourage.

Un bon moyen de différencier tout en rendant cette expérience agréable et en donnant de l'importance aux élèves est de pratiquer la **lecture guidée**. Cette activité consiste à accompagner un petit groupe homogène d'élèves lors de la lecture d'un texte ou d'un livre afin de travailler les stratégies dont ils ont particulièrement besoin. L'enseignant est présent au sein du groupe pour soutenir l'utilisation de stratégies efficaces. En travaillant régulièrement avec quatre ou cinq élèves, l'enseignant est en mesure d'observer et de prendre des notes sur leurs progrès tout au long de l'année. Les groupes sont appelés à se transformer selon la vitesse à laquelle chacun progresse et les nouveaux besoins qui surgissent. Les textes suggérés doivent représenter un petit défi afin de rendre cette intervention plus bénéfique.

En s'appuyant sur les forces des élèves, la lecture guidée vise le développement de leur autonomie et une prise en charge personnelle de plus en plus grande de leurs stratégies de lecture. L'enseignant profite de cette lecture guidée pour expliciter, modéliser, échanger, soulever des discussions avec les élèves, bref, pour exposer plusieurs moyens qu'ils pourront utiliser à leur tour lorsqu'ils liront seuls.

Lorsque j'enseignais auprès d'élèves de la deuxième année, j'avais l'habitude de nommer ce moment « Les petits rendez-vous ». Ce moment pendant lequel les élèves travaillaient pourtant de façon très ardue était pratiquement devenu une récompense. En effet, les élèves défendaient farouchement ce temps avec moi si par mégarde un pair qui ne faisait pas partie du petit groupe ciblé s'aventurait à me poser une question. J'ai compris assez rapidement que ce genre d'intervention donnait de l'importance au petit groupe de quatre ou cinq élèves qui, sans me le dire directement, appréciaient ces 25 minutes de proximité et d'échanges entre eux et, surtout, avec moi.

La figure 2.2 (*page suivante*) résume les différentes dimensions de la différenciation.

La motivation intrinsèque

La motivation intrinsèque est généralement liée aux objectifs personnels de l'apprenant. Particulièrement en lecture, elle émerge des domaines d'intérêt et des expériences personnelles, de la curiosité, des interactions sociales et des défis que se lancent les élèves à eux-mêmes. Ce type de motivation est nécessaire à la mise en place d'habitudes de lecture volontaire et à l'engagement.

En contrepartie, la motivation extrinsèque provient de l'enseignant, ou de toute autre personne, et dirige le comportement de façon temporaire. Les dimensions de la motivation extrinsèque peuvent être de l'ordre de la reconnaissance, de la compétition, de la conformité, etc. Par exemple, lorsque des points ou des récompenses sont accordés, les élèves ont l'impression que la lecture est une tâche qui ne vaut pas la peine d'être réalisée si elle n'est pas récompensée par la suite (Worthy, 2002). Ainsi, même si l'on croit susciter la motivation ou favoriser l'engagement en offrant des récompenses aux élèves qui ont lu bon nombre de pages pendant l'année, on doit être conscient que cela ne conduit pas nécessairement au développement d'attitudes positives ou à l'émergence d'une motivation intrinsèque, d'un intérêt et d'un engagement.

Source : Maria Bibikova/iStockphoto

La motivation et le sens vont de pair

La motivation intrinsèque est par ailleurs liée à la signifiance des activités. Comme nous l'avons vu dans le premier chapitre, il est plus naturel de s'engager dans des activités qui ont un sens pour nous. En lecture, si les activités sont insignifiantes ou qu'elles manquent d'authenticité, les élèves se créeront des buts tout à fait différents de ceux visés par l'enseignant. Par exemple, certains croient qu'il est important d'apprendre à trouver un verbe dans une phrase pour mieux le souligner sur leur feuille d'exercice. D'autres pensent que le but de l'activité est de rendre l'enseignant fier et heureux. Ils ne font pas le lien avec la lecture et l'écriture, et ne sont pas conscients des motifs et objectifs d'un tel apprentissage dans la « vraie vie ».

Figure 2.2 ● **Un résumé des différentes dimensions de la différenciation**

Ce que l'on peut différencier	Pourquoi
Les contenus	Permettre à chacun des élèves d'apprendre à son rythme à l'aide de textes et de thèmes qui sont adaptés à ses forces, ses faiblesses, ses intérêts et ses besoins.
Les processus	Donner la chance aux élèves de construire leur compréhension et de se former leur propre idée sur les apprentissages proposés en prenant le temps et en utilisant le soutien dont ils ont besoin.
Les produits attendus	Permettre aux élèves de démontrer leur compréhension et leur appréciation et réinvestir leurs apprentissages réalisés grâce à la lecture de façon personnelle.
L'environnement	Fournir du matériel, des textes, des livres et des installations qui stimuleront chacun des élèves à lire et à progresser.

En tenant compte

De la préparation de chaque élève et de ses connaissances antérieures	Des champs d'intérêt des élèves	Du profil d'apprenant de chacun

Comment ?

Élèves plus faibles :
- Structurer la tâche.
- Expliciter les stratégies.
- Étayer – accompagner pas à pas.

Élèves plus doués :
- Offrir des tâches complexes.
- Proposer un défi.
- Encourager l'autonomie.
- Conserver l'intérêt.

- Offrir des activités et des textes qui répondent aux champs d'intérêt des élèves.
- Lire des genres et des contenus qui captivent les élèves.

Comprendre les façons d'apprendre des élèves, leurs besoins et préférences quant aux moyens utilisés pour progresser et s'y ajuster (*voir la théorie des intelligences multiples, par exemple*).

Un texte est considéré comme étant authentique lorsqu'il ressemble à ceux que les élèves lisent dans un contexte qui n'est pas nécessairement un contexte d'apprentissage en lecture ou en écriture. Les activités qui accompagnent la lecture de ces textes peuvent également avoir un effet sur son authenticité. La lecture d'un article de journal peut perdre de son authenticité si le but est d'en souligner les verbes, par exemple. Afin d'évaluer l'authenticité des activités, il convient de se poser la question suivante : « Est-ce qu'on réalise parfois une telle activité en dehors du contexte scolaire ? » Les activités qui reflètent ou imitent des activités de lecture ou d'écriture qui surviennent dans la vie de tous les jours, sans que l'apprentissage soit toujours visé (par exemple écrire un courriel à un ami), sont plus authentiques. Généralement, ces dernières activités comprennent un scripteur qui s'adresse à un véritable lecteur (écrire un dépliant d'information, par exemple). Ces activités comprennent aussi un auditoire véritable (les visiteurs d'un musée, les lecteurs d'un journal, d'autres élèves, etc.).

> En lecture, si les activités sont inintéressantes ou qu'elles manquent d'authenticité, les élèves se créeront des buts tout à fait différents de ceux visés par l'enseignant.

Pour arriver à faire naître une motivation intrinsèque chez les élèves, il est préférable de proposer des textes et des situations d'apprentissage authentiques ; les idées suivantes peuvent inspirer les enseignants :

- Favoriser à l'occasion des **projets individuels** où les élèves doivent choisir un thème qui les passionne, lire sur le sujet, et ensuite démontrer leur compréhension de façon personnelle à un auditoire réel ou discuter de leur expérience de lecture.

- **Intégrer les matières** pour offrir des contenus différents touchant les sciences ou les arts par exemple, ce qui présente un attrait pour bien des élèves qui ne sont pas portés à lire de façon naturelle.

- Proposer des expériences de **dramatisation** (théâtre, marionnettes, saynètes), ce qui plaira aux jeunes artistes attirés par l'expression et qui les poussera à lire, à écrire et à s'exprimer oralement pour des raisons authentiques.

- **Inviter des parents ou des spécialistes** à venir parler de leur passion aux élèves, ce qui fera découvrir de nouveaux sujets, piquera la curiosité de certains et fournira des occasions nouvelles de s'informer à l'aide de la lecture. Les élèves seront fiers, et parions que les parents le seront aussi !

- **Conceptualiser des ateliers** dans lesquels les élèves peuvent explorer des thèmes d'actualité comme les changements climatiques, les catastrophes naturelles ou les conflits internationaux. Ces ateliers ou stations peuvent contenir des livres, des articles de journaux, de courts vidéos, etc. On peut aussi exploiter des genres tels que la poésie, la légende urbaine, la biographie. Le but est de stimuler la curiosité et l'intérêt. Il est intéressant de laisser les élèves visiter ces ateliers de façon volontaire et de permettre à ceux qui n'ont habituellement pas de temps libres pour expérimenter ce genre d'activité de s'y rendre.

- **Lire des paroles de chansons** que les élèves aiment écouter. À partir de cette activité, leur proposer d'autres chansons du même artiste, d'autres textes traitant de sujets semblables, discuter des idées véhiculées dans la chanson, etc. Les élèves s'intéressent d'ailleurs beaucoup aux vedettes, ce qui peut représenter une belle occasion d'aborder leur biographie.

- **Présenter l'auteur de la semaine,** en donnant des détails sur sa vie, sur sa carrière et sur ses œuvres. Les élèves réalisent ainsi que les auteurs, surtout ceux qui s'adressent aux jeunes, sont des personnes intéressantes qui écrivent bien souvent plus d'un livre. Certains seront peut-être curieux envers cet auteur; d'autres voudront le connaître, expérimenter l'écriture d'un texte à leur tour ou prendre contact avec lui. Qui sait?

- **Exploiter les TIC.** Plusieurs élèves sont «tombés dedans» quand ils étaient petits! Intégrer les technologies de l'information et de la communication (TIC) aux activités et aux projets de lecture peut stimuler l'intérêt des élèves qui sont généralement récalcitrants envers les textes présentés sur support «traditionnel».

Ces suggestions sont inspirées d'enseignants qui réussissent à favoriser l'engagement de leurs élèves en classe. Toutefois, chaque enseignant doit trouver les activités qui sont aussi signifiantes pour lui avant de les proposer aux élèves.

Disons seulement que nous réussissons rarement à susciter l'engagement chez les autres à l'égard d'un objet qui nous ennuie personnellement! Cet aspect sera traité plus loin dans ce chapitre ainsi que dans le chapitre 3. Un questionnaire visant à connaître les différentes dimensions des motivations des élèves pour la lecture est aussi proposé à l'annexe 2 (*page 83*). Cet instrument, conjugué à vos observations et aux entretiens que vous aurez avec les élèves, peut vous aider à mieux les connaître en tant que lecteurs.

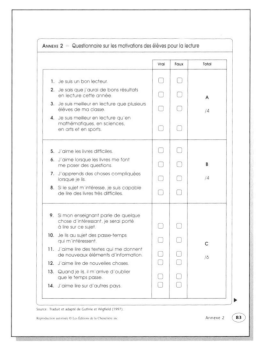

Annexe 2

En plus du sentiment de compétence et de la motivation intrinsèque, un environnement littéraire riche et varié suscitera l'engagement des élèves en lecture.

La disponibilité des textes d'intérêt et leur accessibilité

Il est tellement plus facile de s'améliorer et de s'engager en lecture lorsque le thème nous intéresse et que le matériel est de grande qualité! Au Québec et dans les

Annexe 3

autres provinces, nous avons la chance de voir fleurir toute une industrie qui se consacre à la littérature d'enfance et de jeunesse. Le fait est qu'il faut parfois avoir abordé une bonne quantité de genres et de sujets avant d'être «accroché» et de développer une véritable passion pour la lecture. Si une salle de classe contient une grande variété de livres pouvant répondre aux champs d'intérêt variés des élèves, le climat de la classe en lecture ne peut qu'en être bonifié. Un bon moyen de connaître les domaines d'intérêt et les compétences des élèves est de réaliser un entretien individuel avec eux. Un modèle d'entretien présenté à l'annexe 3 (*page 87*) pourra vous inspirer. Un autre bon moyen consiste à demander aux élèves de présenter leur lecture «coup de cœur». Lors de cette activité, les élèves présentent un texte ou un livre qu'ils aiment, parlent de l'auteur, de l'illustrateur, lisent un extrait pour éveiller la curiosité, expliquent les raisons de leur choix, donnent des conseils aux autres, et ce, de façon volontaire. L'enseignant est bien évidemment invité à faire le même exercice le plus souvent possible! Souvent, les «coups de cœur» des élèves et des enseignants sont contagieux. Les élèves, séduits par les présentations, veulent lire l'œuvre à leur tour.

Un bon exemple de ce que l'environnement de l'élève en lecture peut avoir comme effet vient de l'étude de Rosalie Fink (1996). Cette chercheuse a réalisé une étude auprès d'anciens élèves dyslexiques devenus aujourd'hui d'illustres professionnels dans des domaines qui requièrent tous de très grandes compétences en lecture tels la littérature, les sciences, les affaires, la médecine et les arts. Ce qui ressort de son étude est que tous ces gens ont réussi un jour à outrepasser leurs faiblesses en lecture parce qu'ils ont découvert une passion qui les a amenés à lire un très grand nombre d'ouvrages sur le sujet. Cette passion et cet engagement ont créé de bonnes habitudes de lecture et ont soutenu le développement de stratégies efficaces. Aujourd'hui, personne ne peut se douter que ces professionnels ont un jour éprouvé, lorsqu'ils étaient au primaire, un retard en lecture de plus de trois ans. Cette étude suggère qu'on ne peut jamais prévoir les sujets et les types de textes qui accrocheront un élève, d'où l'intérêt de lui offrir un environnement qui comprendra une grande variété d'œuvres visant à capter son attention et à faire de lui un lecteur pour la vie.

> On ne peut jamais prévoir les sujets et les types de textes qui accrocheront un élève, d'où l'intérêt de lui offrir un environnement qui comprendra une grande variété d'œuvres visant à capter son attention et à faire de lui un lecteur pour la vie.

Du matériel varié et de grande qualité

Une bibliothèque de classe bien garnie peut comprendre des œuvres de poésie, des anthologies, des pièces de théâtre, des romans, des biographies, des récits, des livres multiculturels, des livres géants, des albums, des manuels d'instructions, des journaux, des revues, des bandes dessinées, des livres parlés, des logiciels, des livres fabriqués par les élèves, etc. (Sanacore, 2002). Il est parfois tentant de conserver des livres défraîchis et désuets dans l'intention louable de donner le plus de choix possible aux élèves. Or, l'état général de la bibliothèque de la classe a un impact sur la motivation des élèves à s'en servir. Ainsi, il importe de se demander si les ouvrages sont récents, bien mis en évidence, variés, écrits par des auteurs reconnus et divers sur le plan des thèmes. Il est également très important d'offrir des textes de niveaux différents. Dans une classe de cinquième année, on doit idéalement retrouver des ouvrages s'adressant à des élèves de la troisième à la sixième année, et d'autres qui visent les adolescents du secondaire afin de répondre aux besoins de tous. Selon Giasson (2003), il est également très important de faire une rotation des œuvres. Les livres sur Noël sont très peu attirants au mois d'avril. Les romans qui dorment sur les tablettes depuis un bon moment risquent seulement d'accumuler encore plus de poussière si on ne les remplace pas. La nouveauté éveille la curiosité. De plus, la promotion des nouvelles acquisitions en classe rend souvent ces dernières très populaires. Certains enseignants sont très ingénieux lorsque vient le temps d'offrir une grande quantité de livres aux élèves tout en respectant un budget serré. On peut se servir des livres personnels des élèves, de ceux des bibliothèques de l'école et de la municipalité, de ceux de la classe d'à côté (on fait un échange pendant quelques semaines).

Un grand débat existe depuis quelques années au sujet du matériel de lecture proposé aux élèves. Il oppose bien souvent les utilisateurs de la littérature et des textes courants authentiques à ceux qui adoptent le manuel scolaire, le cahier d'exercices et son guide pédagogique. En ce qui a trait à l'engagement en lecture, le risque avec l'utilisation exclusive des manuels réside dans le fait que tout le monde lit les mêmes textes en même temps, que certains textes ne sont pas adaptés aux différents niveaux des élèves en lecture, que des lecteurs s'ennuient alors que d'autres sont dépassés par la difficulté du texte et que la disponibilité des manuels ne nous incite pas à aller vers d'autres sources de textes. On dit qu'aucune approche en lecture n'est gage de réussite auprès de tous les élèves. Dans le chapitre 3, il sera question d'enseignants qui réussissent à répondre aux intérêts, aux goûts et aux besoins de chacun tout en favorisant l'engagement, et ce, grâce à l'utilisation d'une multitude de ressources. Ainsi, lorsque le manuel scolaire est utilisé, il ne constitue pas la seule source d'écrits présente en classe. C'est plutôt un outil qui permet d'avoir accès à davantage de textes.

Enfin, le matériel ne suffit pas. Même si l'enseignant a une bibliothèque exemplaire, il y a de fortes chances que les élèves ignorent tous ces précieux livres si ce dernier n'agit pas en tant que promoteur et modèle de lecteur. Il sera d'ailleurs question plus loin de l'effet de l'enseignant sur l'engagement des élèves en lecture. Le tableau 2.2 (*page suivante*) présente des ressources utiles afin de mettre à jour votre connaissance des meilleurs livres pour les élèves, du préscolaire à la sixième année. Il vous donnera des idées lors de l'achat ou de l'emprunt de nouveaux livres destinés à être présentés aux élèves.

La possibilité de faire des choix

Jumelée à un environnement littéraire riche, la possibilité de faire des choix de lecture donne la chance aux élèves de s'engager d'abord dans des lectures qui les intéressent vraiment, ce qui représente déjà un bon point de départ! La différenciation (*voir la page 23*) souligne d'ailleurs l'importance d'offrir l'occasion à tous de lire des textes qui sont de leur niveau, et qui répondent aussi à leurs champs d'intérêt, curiosité, préoccupations et besoins en lecture. De plus, les écrits sur le sentiment de compétence traité dans le premier chapitre montrent bien que l'humain en général aime faire ses propres choix, sentir qu'il a une bonne emprise sur sa vie et exercer son pouvoir de décision. Un lecteur récalcitrant décidera de son propre gré de lire une œuvre aussi complexe et longue que *Le Seigneur des Anneaux* de Tolkien parce que, justement, cette idée vient de lui, répond à ses goûts, satisfait sa curiosité et lui donnera l'occasion d'en discuter avec des amis.

Respecter les choix des élèves

Les choix de lecture des élèves nous semblent parfois insolites. Par exemple, il arrive de voir des garçons choisir *Le guide de l'auto* et des filles se passionner pour les revues traitant de la vie des célébrités. Selon bien des enseignants, ces documents ne représentent pas des «vraies» lectures; les textes sont trop simples ou trop courts, le vocabulaire est redondant et les thèmes sont insipides. Or, les goûts en matière de lecture sont personnels. Lorsque l'objectif est de renforcer l'engagement des élèves en lecture, la dernière chose dont ils ont besoin est de se faire dire que leurs champs d'intérêt sont sans valeur. En s'intéressant à leurs lectures et en les valorisant, il nous sera plus facile ensuite de leur offrir l'occasion de lire d'autres types de textes et de les ouvrir à des thèmes différents.

Plus les élèves approchent de l'adolescence, plus ils ont l'impression de perdre le contrôle de leur vie, ce qui est dû aux multiples changements physiques, émotionnels et environnementaux qui leur sont imposés (NCREL, 2005). Ces élèves seront moins résistants envers les lectures et les tâches scolaires si on leur

Tableau 2.2 ● **Des ressources pour connaître les meilleurs livres et créer un environnement stimulant**

Les ressources	Les références
Lisez sur le sujet : chaque année, la Bibliothèque nationale du Canada présente des livres réunis sous un thème.	\<www.collectionscanada.ca/lisez-sur-le-sujet\>
PIKA, base de données sur la littérature canadienne pour la jeunesse, offre des résumés de 35 000 livres canadiens pour les jeunes, en plus de recommandations selon l'âge et le niveau scolaire.	\<www.collectionscanada.ca/pika\>
Yves Nadon, enseignant en première année, nous livre une façon d'enseigner la lecture, notamment à l'aide d'une grande quantité de livres. Cet ouvrage contient de nombreuses références d'œuvres de littérature pour la jeunesse accompagnées de descriptions.	NADON, Yves. 2002. *Lire et écrire en première année… et pour le reste de sa vie*, Montréal : Chenelière/McGraw-Hill, 184 p.
Jocelyne Prenoveau, enseignante, nous fait découvrir son approche dite « équilibrée » et nous parle des livres et des textes qu'elle utilise.	PRENOVEAU, Jocelyne. 2007. *Cultiver le goût de lire et d'écrire : Enseigner la lecture et l'écriture par une approche équilibrée*, Montréal : Chenelière Éducation, 224 p.
La revue *Québec Français* nous présente des œuvres et des auteurs qui ont des chances d'intéresser les élèves de tout âge.	\<www.revueqf.ulaval.ca\>
Les coups de cœur *Lurelu*, revue québécoise consacrée à la littérature pour la jeunesse	\<www.lurelu.net/coupsdecoeur.htm\>
Communication-Jeunesse : cet organisme offre le palmarès des livres préférés des enfants et du matériel pour promouvoir la lecture.	\<www.communication-jeunesse.qc.ca\>
La Bibliothèque nationale du Québec et l'organisme Communication-Jeunesse offrent une liste des prix littéraires pour jeunes et adultes.	\<www.banq.qc.ca/portal/dt/ressources_en_ligne/prix_litteraires/i-r_prix_litt.jsp\> \<www.communication-jeunesse.qc.ca/repertoires/prixlitt/index.php\>
Le club de livres de Radio-Canada	\<www.radio-canada.ca/jeunesse/passions/livres/index.shtml\>

Tableau 2.2 ● **Des ressources pour connaître les meilleurs livres et créer un environnement stimulant (*suite*)**

Les ressources	Les références
Les ressources de Radio-Canada pour les enseignants	<www.radio-canada.ca/jeunesse/pourlesprofs>
Jocelyne Giasson donne des idées quant à l'aménagement de la classe et du coin lecture, en plus de décrire comment arriver à préserver l'intérêt des élèves pour les livres de la classe.	GIASSON, Jocelyne. 2003. *La lecture : de la théorie à la pratique*, 2e éd., Boucherville : Gaëtan Morin Éditeur, pages 44 et suivantes.
Les sites Internet des libraires présentent les nouveautés pour enfants. Cherchez la section jeunesse!	<www.lelibraire.org> <www.renaud-bray.com> <www.archambault.ca>
Les maisons d'édition québécoises proposent leurs nouveautés, leurs meilleurs vendeurs ainsi que des activités.	<www.communication-jeunesse.qc.ca/repertoires/maisons/index.php> <www.lurelu.net/liens_editeurs.htm>

Le salon du livre de votre région présente de nombreuses maisons d'édition. Ces dernières font bien souvent la promotion de leurs livres à l'aide de matériel pédagogique (affiches, signets, catalogues) qui renseignent les enseignants et garnissent la classe de matériel intéressant.

> Les élèves seront moins résistants envers les lectures et les tâches scolaires si on leur laisse la possibilité d'effectuer des choix, ce qui peut les mener à de meilleures performances puisqu'ils éprouveront le sentiment de mieux contrôler leurs apprentissages.

laisse la possibilité d'effectuer des choix, ce qui peut les mener à de meilleures performances puisqu'ils éprouveront le sentiment de mieux contrôler leurs apprentissages.

Ainsi, plus les textes proposés à l'élève seront variés, plus les produits attendus, c'est-à-dire la façon dont l'élève montrera qu'il maîtrise les compétences visées, deviendront intéressants et engageants, puisque basés sur les choix de chacun. Pour démontrer leur compréhension ou leurs réactions, les élèves regorgent d'idées qui mettent à profit leurs divers talents d'artistes, de scientifiques ou de spécialistes de la communication. Ils ne risquent que de nous surprendre!

De la diversité dans les activités

Bien des études (Ivey et Broaddus, 2001 ; Strommen et Mates, 2004 ; Worthy, 2002) démontrent que les activités vécues en classe influencent grandement l'engagement en lecture. Il est particulièrement bénéfique de donner aux élèves la chance de lire beaucoup, de vivre plusieurs activités de lecture et d'explorer plusieurs types de textes. L'intégration des matières peut représenter un bon moyen d'y arriver. De plus, à mesure qu'ils vieillissent, les lecteurs doivent apprendre à traiter l'information à l'intérieur de textes de plus en plus difficiles. Ces textes peuvent être rattachés à l'apprentissage des sciences ou de l'histoire, par exemple. **Apprendre à lire des textes que l'on retrouve généralement dans les autres matières permet de s'engager et d'avoir accès aux idées, au vocabulaire, à la syntaxe et à la structure des textes courants. Cela prépare les élèves non seulement à apprendre à lire, mais aussi à lire pour apprendre.**

Source : Sonia Etchison/Shutterstock

De plus, il semble que de laisser les élèves lire quotidiennement et de façon personnelle les aide à s'engager. Les élèves valorisent ce temps de lecture offert à l'école, même lorsqu'ils ne sont pas d'eux-mêmes portés à lire à la maison. Cependant, ces derniers aiment lire sans être toujours obligés de le faire pour répondre ensuite à des questions (Worthy, 2002). Ce genre d'activité nuit à leur concentration et à leur intérêt (Baribeau, 2004). On peut simplement laisser les élèves s'abandonner à leur lecture. Si, à l'occasion, on préfère consigner les lectures ou intégrer cette activité à un projet, par exemple, on peut proposer aux élèves d'inscrire leurs réactions dans un carnet dans lequel ils pourront également illustrer des extraits ou des parties du texte par des graphiques ou des schémas, et à partir duquel ils pourront discuter de leurs lectures avec des pairs, réaliser des projets d'art, etc. On peut vérifier la compréhension autrement qu'en posant des questions sur le texte !

Proposer des lectures propres à d'autres champs d'intérêt et réaliser par la suite des activités qui touchent d'autres disciplines et qui favorisent diverses expériences sont donc des moteurs d'engagement chez les élèves. Les enseignants qui réussissent à susciter l'engagement de leurs élèves intègrent l'écriture et l'expression orale à la lecture, emploient plusieurs regroupements (travail individuel, en duo, en équipes homogène et hétérogène), animent des travaux de durée variable et proposent des activités qui soutiennent le développement d'autres compétences.

Tous les enseignants ont leurs façons de diversifier leurs activités de lecture afin de proposer aux élèves une panoplie d'expériences signifiantes. Les enseignants présentés au chapitre 3 offrent des idées pour diversifier et, bien souvent, « densifier » leur enseignement de la lecture en variant leurs activités.

Des stratégies efficaces

Un chercheur américain, Michael Pressley (2002), a dit un jour : « Rien ne motive autant que le succès. » Pour favoriser la motivation et l'engagement en lecture, le succès est en effet un moteur drôlement efficient ! Mais pour expérimenter le succès, le lecteur doit avoir construit des stratégies qui l'amènent à comprendre, à réagir, à apprécier, à discuter, etc. Ces stratégies de lecture sont en fait un ensemble de méthodes personnelles visant à répondre à une tâche en fonction des contraintes et des objectifs poursuivis (ONL, 2000). Ce qui rend l'apprentissage de ces stratégies parfois si compliqué, c'est que celles-ci sont invisibles si un lecteur compétent ne prend pas la peine de les expliciter à haute voix. Avant de proposer des stratégies aux élèves, il est utile de les modéliser en appliquant les stratégies soi-même à haute voix, et également d'expliciter comment les utiliser et dans quelle situation.

Modéliser les stratégies consiste à rendre son propre processus de compréhension transparent. Winnykamen (1990) nomme «démonstration explicitée» cette procédure de guidage, alliée à une information verbale, qui décrit une séquence à réaliser. Selon cette auteure, la modélisation consiste en l'utilisation intentionnelle de l'action observée par autrui en tant que source d'information en vue d'atteindre son propre but. En apprentissage de la lecture par exemple, ces pensées autoguidantes à haute voix sont particulièrement utiles auprès des élèves en difficulté (Giasson et Saint-Laurent, 2003) qui se construisent ainsi un répertoire de stratégies lors de la lecture de textes. Un enseignant qui veut modéliser ses propres stratégies de compréhension d'un mot nouveau dans un texte pourrait expliciter ses réflexions personnelles de cette façon :

- Je me trouve devant un mot que je pense ne pas connaître.

- J'essaie de le lire grâce aux sons que je connais déjà : «trou – ba – dour».

- Je suis certain maintenant que je ne sais pas ce que ce mot signifie. Qu'est-ce qui pourrait m'aider ?

- Je sais, je vais lire la phrase précédente et la phrase suivante pour m'aider à le découvrir. (Lire les phrases.)

- Si je relis le titre, je sais aussi que mon texte parle du Moyen Âge.

- Selon moi, un troubadour, c'est quelqu'un qui fait des numéros pour divertir les gens.

- Je vais essayer de remplacer le mot «troubadour» par un autre mot que je connais, disons «jongleur», pour vérifier si la phrase a du sens.

- Ça fonctionne! Je dois être sur la bonne piste.

Cet exemple ne sert qu'à illustrer de quelle façon le processus de découverte de sens d'un mot ou d'une idée, qui s'effectue généralement en silence et avec de la concentration, peut se faire à voix haute dans l'intention d'enseigner «ce qui se passe dans ma tête quand j'éprouve ce problème».

Expliciter signifie que les stratégies sont expliquées en mettant l'accent sur le «quand», le «quoi», le «comment» et le «pourquoi» de son utilisation. Par exemple, si on reprend la situation précédente de découverte du sens d'un mot, voici brièvement ce que l'enseignant pourrait dire :

- Lorsque tu arrives devant un mot inconnu dans un texte, voici ce que tu peux faire (quand).

- Il faut tenter de découvrir ce que le mot veut dire en te servant des indices du texte (quoi).

- Une bonne façon d'y arriver est de lire les phrases qui précèdent et qui suivent ton mot (comment).

- Cela t'aidera à mieux comprendre le contexte (pourquoi), ce qui te donnera une idée de la signification du mot.

- Tu peux aussi te fier au titre et aux sous-titres du texte (comment).

L'explicitation est un bon moyen d'offrir aux élèves des stratégies auxquelles ils n'auraient peut-être pas pensé, particulièrement pour les élèves en difficulté. Cette explicitation demande à être vécue et répétée à l'intérieur de différents contextes.

Puisque ce livre sur l'engagement s'adresse aux enseignants de tout le niveau primaire, différentes autres stratégies valent la peine d'être mentionnées. Le tableau 2.3 (*page suivante*) donne un aperçu de plusieurs stratégies qu'un lecteur devra maîtriser pour devenir compétent.

Une communauté de lecteurs

Que font les élèves lorsqu'ils entrent en classe le lundi matin? Ils parlent! Ils racontent leur week-end, échangent de l'information sur un film visionné, discutent d'une partie de hockey, etc. Que font les enseignants lors des formations? Ils se font bien souvent reprocher de bavarder tout autant que leurs élèves au lieu d'écouter attentivement le conférencier. Rien de tout cela n'est étrange puisque les êtres humains sont faits pour échanger avec leurs pairs. C'est d'ailleurs de cette façon qu'ils arrivent à donner un sens à leur vie.

> Les êtres humains sont faits pour échanger avec leurs pairs. C'est d'ailleurs de cette façon qu'ils arrivent à donner un sens à leur vie.

Combien d'histoires racontons-nous dans une journée? Certains diront qu'ils n'en racontent pratiquement jamais. Toutefois, si nous comptions le nombre exact de récits échangés dans une seule journée, nous serions tous surpris de la quantité de courtes histoires que nous partageons avec nos parents, nos pairs, et même avec l'épicier! Les humains ont cette habileté naturelle à comprendre le monde à l'aide de récits. C'est notamment pour cette raison que la création d'une communauté de lecteurs en classe est si bénéfique.

Les élèves qui lisent beaucoup, comme nous l'avons mentionné précédemment, vivent de nombreuses occasions de discuter et de partager leurs lectures avec leurs pairs et les membres de leur famille. Or, pour les élèves qui n'ont pas l'occasion de le vivre, l'école offre la chance d'expérimenter le bonheur de faire partie d'une communauté de lecteurs. Grâce à cette communauté à laquelle la participation de chacun est encouragée mais libre, les élèves pourront développer tranquillement un sentiment d'appartenance à un groupe qui

Tableau 2.3 ● **Des stratégies de lecture à développer au primaire**

Les stratégies de lecture des mots	• Reconnaître des mots globalement • Reconnaître des mots en les décodant
Les stratégies de compréhension des mots dans un texte	• Se servir des indices morphologiques (préfixe, suffixe, racine) • Se servir du contexte (mots autour, thème du texte) • Se référer au dictionnaire ou à un autre ouvrage de référence pour s'assurer de la signification d'un mot ou d'une expression

Les stratégies de compréhension d'un texte	• Repérer les idées principales
	• Traiter la structure syntaxique
	  • Reconnaître les signes de ponctuation
	  • Découper les phrases longues
	  • Faire des liens entre les phrases
	• Repérer les indices contenus dans le texte (auteur, titre, sous-titres, intertitres, images)
	• Reconnaître le type de texte et sa structure
	  • littéraire
	  • courant
	    – texte narratif, informatif, directif, etc.
	    – structure énumérative, cyclique, etc.
	    – thème (science, histoire, art, etc.)
	• Retenir l'information importante
	• Résumer le texte
	• Relire un extrait important

Les stratégies cognitives de haut niveau	• Faire des prédictions sur le contenu ou sur le déroulement • Se questionner sur le texte et tenter de répondre à ses propres questions • Effectuer des inférences • avoir recours à des connaissances personnelles, mais non expliquées de façon claire dans le texte, pour comprendre • Se faire une image mentale • Faire des liens avec ses connaissances antérieures • Faire des liens avec son expérience personnelle, d'autres lectures, d'autres auteurs, etc.
Les stratégies métacognitives	• Relever les éléments nuisant à la compréhension • Trouver, dans son répertoire de stratégies, une façon de comprendre à nouveau

respecte les opinions de chacun et construire leur compréhension de façon coopérative. Il revient donc à l'enseignant de créer un climat d'échange où chacun est valorisé lorsqu'il parle de ses lectures personnelles, des sentiments qu'il entretient à l'égard de ses lectures, des liens qu'il établit avec sa propre histoire, des interrogations qui le laissent perplexe, des questions qu'il aimerait poser à l'auteur, des comparaisons qu'il effectue avec d'autres lectures, etc.

Créer cette communauté en classe

Pour arriver à créer ce climat, plusieurs tentatives sont nécessaires, surtout lorsque les élèves vivent un tel partage pour la première fois. Bien souvent, les règles du droit de parole sont respectées à la lettre (lever la main, discuter uniquement avec l'enseignant), ce qui ne permet pas une discussion réelle, spontanée et signifiante. À d'autres moments, les règles sont carrément transgressées : les élèves parlent tous en même temps ou ne respectent pas l'opinion de l'autre, ce qui ne les engage pas non plus dans une discussion constructive. Ainsi, plusieurs essais seront certainement nécessaires afin de trouver un dosage intéressant entre le respect des règles de la communication et la liberté qu'offre une discussion authentique au sujet d'un livre passionnant. Pensez à un groupe d'adultes qui discutent lors d'un souper. Bien souvent, on a le choix de s'exprimer ou non, l'opinion de chacun est prise en compte et les interactions mènent vers des sujets inattendus. C'est un peu cet esprit qu'il est intéressant de recréer en classe. Pour mieux développer les compétences

Annexe 4

liées à la discussion, il peut être utile de commencer en formant de petits groupes, ou en demandant à quatre ou cinq élèves de discuter alors que les autres élèves observent et remarquent comment se déroule la discussion, soit de façon ordonnée ou chaotique. On peut également demander à un collègue de venir nous aider à donner des exemples de bonnes et de mauvaises discussions afin de modéliser les bons comportements et les attitudes à privilégier. Des suggestions sont proposées à l'annexe 4 (*page 88*) afin de créer des discussions enrichissantes en classe.

Un autre moyen de créer une communauté est de pratiquer la lecture interactive. Cette activité suppose que l'enseignant lit devant les élèves en s'arrêtant parfois pour leur laisser la possibilité de réagir et de discuter. Ainsi, les interprétations, questions et prédictions de chacun aident à créer la compréhension de façon collective. L'enseignant a aussi son rôle à jouer en approfondissant les commentaires des élèves, en posant des questions et en explicitant ses propres réflexions bref, en transmettant aux élèves des stratégies de compréhension efficaces.

Les élèves du primaire ont besoin de certaines conditions pour développer de bonnes habitudes et attitudes qui feront d'eux des lecteurs engagés pour la vie. Ces conditions gagnent à être mises en place dès la petite enfance dans le milieu familial. Or, pour certains enfants, l'entrée officielle et non officielle dans l'écrit se réalise en même temps que l'entrée à l'école. L'enseignant a donc une responsabilité des plus grandes quant à la façon dont ces enfants vivront leurs expériences de lecteur. Dans la prochaine partie, il sera question de l'effet majeur de l'enseignant sur l'engagement des élèves en lecture.

L'enseignant engagé en lecture : un modèle pour les élèves

La mission collective des enseignants est de favoriser l'établissement d'une génération de lecteurs engagés et compétents qui veulent réellement lire pour le reste de leur vie (Sanacore, 2002). Pour remplir cette mission, l'enseignant détient une clé importante : son propre engagement en lecture. Dans la présente partie, il sera question de l'influence de l'enseignant sur les élèves et des différentes façons de s'engager en lecture pour créer un climat stimulant en classe.

L'effet des comportements et des attitudes de l'enseignant sur les élèves

Tout ce que font les enseignants du préscolaire et du primaire peut être remarqué et imité par les élèves. Une expérience réalisée auprès de jeunes élèves a d'ailleurs démontré que l'attitude de l'enseignant peut parfois être beaucoup plus convaincante que ses directives.

Une enseignante avait d'abord placé deux bocaux de sucreries devant elle. Le premier bocal contenait des friandises blanches. L'enseignante

Tout ce que font les enseignants peut-être remarqué et imité par les élèves.

en a pris une et a ensuite dit aux élèves qu'elle la trouvait délicieuse. Cependant, elle s'est empressée de la jeter en ayant l'air dégoûté. Elle a alors pris un bonbon dans le second bocal, lequel était rempli de sucreries vertes, pour affirmer ensuite que ces dernières étaient désagréables au goût. Toutefois, elle a conservé la friandise dans sa bouche et a continué d'enseigner. Lorsque l'enseignante a donné aux élèves la permission de choisir une sucrerie, personne ne voulait celles du premier bocal, même si l'enseignante leur avait affirmé qu'elles étaient délicieuses. Tous ont préféré une sucrerie verte, celle que l'enseignante avait conservée dans sa bouche, même si elle disait la trouver infecte.

Cet exemple illustre de quelle façon les élèves peuvent être portés à imiter l'enseignante au lieu d'écouter simplement ses indications. L'enseignant est ainsi « transparent », car ses préférences sont aisément reconnues par les élèves (Goddard, Hoy et Woolfolk, 2000). Voilà pourquoi son comportement revêt une importance majeure.

L'enseignant lecteur : un modèle

Pour créer de bons lecteurs, il faut donc des enseignants modèles qui sont eux-mêmes véritablement engagés en lecture (Applegate et Applegate, 2004). Selon Dreher (2003), les enseignants transmettent leur amour pour la lecture aux élèves, ce qui fournit un bon exemple en classe. D'ailleurs, lorsqu'il s'agit de convaincre les élèves que les livres détiennent une grande valeur, rien dans toute l'école n'a de plus grand impact que les habitudes de lecture de l'enseignant (Perez, 1986). Un facteur clé pour motiver les élèves à lire est donc un enseignant qui valorise cette activité et qui partage avec enthousiasme son amour de la lecture avec les élèves (Gambrell, 1996). Les enseignants qui lisent sont également plus enclins à devenir des modèles explicites pour les élèves dont ils favorisent la réussite. Ils sont des modèles explicites parce qu'ils partagent leurs expériences personnelles de lecture et mettent l'accent sur la façon dont la lecture enrichit leur vie. Les élèves les perçoivent comme étant des lecteurs volontaires et engagés. Certains diront même qu'il est impossible de susciter l'engagement des élèves en lecture si l'enseignant n'est pas lui-même un bon modèle de lecteur.

> Un facteur clé pour motiver les élèves à lire est donc un enseignant qui valorise cette activité et qui partage avec enthousiasme son amour pour la lecture avec les élèves.

La capacité de choisir un livre qui correspond aux champs d'intérêt des élèves est intimement liée à la connaissance et à la lecture de plusieurs ouvrages. Les enseignants qui connaissent une grande variété d'œuvres seront donc capables de reconnaître celles qui offrent un degré de difficulté approprié pour chacun des élèves. La lecture, qui se trouve au cœur du programme scolaire au primaire, requiert des enseignants qu'ils soient préparés pour sélectionner, enseigner, recommander, critiquer, faire des liens et modéliser leur propre plaisir de s'adonner à la lecture. Ces derniers sont alors en mesure de créer un engouement contagieux en parlant de leurs livres (Kolloff, 2002).

Lorsqu'on interroge les élèves sur les activités qui les poussent à s'engager en lecture, l'enseignant est pratiquement toujours mentionné. Les élèves demandent qu'on leur fasse davantage la lecture à voix haute, ils veulent connaître les bons livres lus par l'enseignant et apprécient particulièrement que l'enseignant fasse la promotion de la lecture et lise des extraits de livres pour les attirer. Ils veulent aussi plus de temps pour lire par la suite les œuvres ainsi suggérées. Ils admettent d'ailleurs que l'enthousiasme de l'enseignant est contagieux : lorsque l'enseignant présente des livres qu'il aime vraiment, les élèves veulent les lire aussi. Les élèves mentionnent également qu'ils sont influencés négativement par les enseignants qui traitent la lecture comme un simple élément du programme et non comme une activité enrichissante et durable (Worthy, 2002).

Les caractéristiques et les comportements de l'enseignant engagé en lecture

Ainsi, les enseignants les plus engagés en lecture en parlent de façon toute naturelle avec leurs élèves. Ces enseignants affichent d'ailleurs les comportements suivants en classe :

- Ils lisent devant leurs élèves une grande variété de textes.

- Ils parlent de leurs lectures « coup de cœur » et invitent leurs élèves à faire de même.

- Ils arrivent le lundi matin en parlant de leur lecture du week-end.

- Ils lisent le journal devant les élèves.

- Ils discutent de certains articles ou de certaines chroniques du journal avec eux.

- Ils décrivent comment la lecture influence leur écriture.

- Ils parlent de leurs visites à la bibliothèque et des activités littéraires auxquelles ils participent.

- Ils présentent leurs auteurs et illustrateurs préférés.

- Ils parlent des livres qu'ils offrent à leurs enfants ou aux enfants de leurs amis.

- Ils discutent des relations qu'ils entretiennent avec d'autres lecteurs : élèves, membres de la famille, amis, et même personnages de livres.

- Ils partagent les questions qui les habitent lorsqu'ils lisent.

- Ils décrivent comment ils s'y prennent pour choisir un livre et expliquent pourquoi ils décident parfois de ne pas terminer un texte ou de le relire.

- Ils parlent des lecteurs qui les inspirent.

- Ils se confient au sujet des problèmes qu'ils éprouvent en lisant.

- Ils présentent la nouveauté littéraire (pour jeunes et adultes) de la semaine.

- Ils lisent des extraits de leur journal intime ayant trait à la lecture.

- Ils montrent aux élèves les livres qu'ils reçoivent en cadeau.

- Ils partagent les nouveaux mots qu'ils ont appris en lisant.

- Ils explicitent les stratégies qu'ils trouvent utiles lorsqu'ils lisent.

- Ils disent aux élèves ce qu'ils apprennent de nouveau grâce aux livres.

- Ils enseignent passionnément.

Toutes ces pratiques ne se retrouvent pas chez un seul enseignant. Il serait plus juste de dire que les enseignants engagés en lecture montrent généralement plusieurs de ces pratiques en classe. Cependant, certaines pratiques dites « de base » sont essentielles en classe pour influencer positivement les élèves afin qu'ils s'engagent en lecture :

- L'enseignant lit de façon personnelle et le montre à ses élèves.

- L'enseignant libère du temps pour lire en classe avec ses élèves, fait la promotion des textes qu'il a aimés et les prête par la suite.

- L'enseignant connaît une grande quantité de livres de qualité pour enfants afin d'être en mesure de les suggérer aux élèves.

La lecture quotidienne

Lire quotidiennement aux élèves représente la solution par excellence pour démontrer son engagement, faire la promotion de textes, partager ses goûts et suggérer des lectures. Un enseignant qui aime lire ne pourra s'empêcher de partager ce bonheur avec les élèves de sa classe! Comme il l'a été souvent mentionné dans ce chapitre, faire la lecture aux élèves est un bon moyen de les inciter à s'engager et de leur faire connaître non seulement des œuvres, des auteurs et des illustrateurs, mais aussi un modèle de bon lecteur. À cet égard, les textes doivent être minutieusement choisis ; il est important de saisir l'occasion de présenter du matériel de qualité qui saura inspirer les élèves.

Selon le degré, les habiletés des élèves, le contexte et le but de l'enseignant, bien des critères peuvent guider le choix d'un livre. Par exemple, on peut choisir une histoire dont les illustrations aideront les élèves à faire des prédictions, un texte plus descriptif qui représente un bon modèle pour soutenir la création d'un tel texte par la suite, un article qui traite d'un enjeu qui se trouve au cœur du quotidien de la classe, etc. L'important est de lire des textes variés pour les faire découvrir aux élèves et, surtout, pour leur montrer que l'enseignant est un lecteur polyvalent. Beaucoup d'enseignants sont davantage portés vers la lecture de récits ou de textes littéraires et négligent la lecture de textes plus courants, descriptifs, informatifs ou directifs, par exemple. **Dans la vie de beaucoup d'élèves, l'enseignant représente l'un des seuls modèles de lecteur accessibles; ce dernier doit ainsi se montrer un lecteur ouvert et polyvalent.**

Source : Bonnie Jacobs/iStockphoto

Tous les enfants ne s'intéressent pas aux mêmes thèmes ou aux mêmes types de textes. Si l'on veut que les élèves s'engagent en lecture, il est préférable de leur présenter des textes qui valorisent et traitent différents sujets. Une enseignante me parlait récemment de sa classe composée d'élèves provenant de huit pays différents. Avec humour, elle décrivait à quel point les textes sur « la cabane à sucre » sont monotones pour certains. Même s'il est vrai que ces textes peuvent les aider à en connaître davantage sur leur culture d'accueil, bien des élèves de cette classe ne s'identifient pas au thème et ne se reconnaissent pas dans ce contexte. D'ailleurs, nul besoin d'avoir une classe multiethnique pour en prendre conscience. L'important est d'offrir une multitude d'expériences qui favoriseront l'engagement tantôt de l'un, tantôt de l'autre, et idéalement de tout le monde, dans l'écoute et les discussions qui accompagnent les lectures.

Une place pour l'enseignant désengagé ?

Le manque de temps, de ressources ou d'intérêt se retrouve trop souvent au banc des accusés pour expliquer le désengagement des adultes en lecture, y compris celui des enseignants. Or, les enseignants sont des acteurs des plus importants quand il s'agit de donner le goût de lire. De plus, comme nous l'avons déjà mentionné dans ce chapitre, l'engagement personnel et véritable de l'enseignant en lecture a une incidence directe sur les comportements de lecteur des élèves de sa classe.

Qui voudrait suivre un cours de piano avec un professeur qui n'aime pas le piano ou qui s'exerce rarement ? Qui serait engagé dans ses cours de natation avec un professeur qui n'ose même pas entrer dans la piscine parce qu'il est trop frileux ? Comment serait-il possible de commencer à s'intéresser aux sciences, par exemple, avec un professeur qui n'a jamais utilisé la démarche scientifique et qui démontre de grandes difficultés à en expliquer le processus ? Farfelu n'est-ce pas ? Pourtant, chacun de nous peut se souvenir de plusieurs enseignants rencontrés au cours de sa vie qui n'ont JAMAIS montré d'amour pour la lecture, JAMAIS parlé des livres qu'ils affectionnaient personnellement et des auteurs qu'ils admiraient. Certains enseignants m'ont même confié qu'ils avaient enfin rencontré leur premier modèle de lecteur dans un cours de littérature lors de leur passage au cégep. Même s'il n'est jamais trop tard dans la vie pour s'inspirer d'un modèle, il est pertinent, voire fondamental de se questionner quant à la compétence et à l'engagement des enseignants rencontrés tout au long de sa propre scolarité. Il convient, par la suite, de reprendre ce questionnement avec soi-même.

Comment des enseignants s'engagent-ils en lecture ?

La place que tient la lecture dans la vie d'un enseignant a un impact sur ses pratiques et sur sa façon de vivre en général. D'ailleurs, comme le dit si bien Powell-Brown (2003), on ne peut être un bon enseignant de la lecture si on n'aime pas d'abord lire. Nous ne pouvons donner ce que nous n'avons pas déjà nous-mêmes !

On ne peut négliger l'influence de l'histoire personnelle de l'enseignant lorsqu'on aborde les pratiques pédagogiques. Ses expériences personnelles, scolaires et extrascolaires ont une influence directe sur ses croyances et ses façons d'enseigner. Plusieurs facteurs peuvent expliquer pourquoi un enseignant n'aime pas vraiment la lecture. Si ce dernier n'a jamais rencontré un modèle de lecteur au cours de sa vie, si les livres qui lui ont été présentés ne répondaient jamais à ses goûts, si la lecture a toujours été considérée comme une tâche scolaire lors de son passage à l'école, si jamais personne n'a discuté de livres avec lui ; bref, toutes ces raisons peuvent nous renseigner sur son manque d'engagement en lecture. Il n'a toutefois aucune raison de ne pas s'engager dès aujourd'hui. L'effet de cet engagement pourrait même créer un cercle d'enseignants engagés, puisque certains de ses élèves deviendront un jour des enseignants qui sauront s'inspirer de lui pour s'engager en lecture et modéliser leur engagement auprès de leurs élèves.

Pour s'engager, il faut parfois investir du temps et de l'énergie. Le premier chapitre a d'ailleurs abordé les conditions nécessaires à l'engagement, nous permettant de constater que des efforts cognitifs et affectifs étaient souvent réquisitionnés lors de l'engagement dans une activité. Il est cependant possible de joindre l'utile à l'agréable, surtout lorsqu'on parle de lecture.

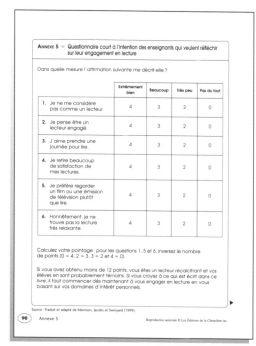

Annexe 5

Annexe 6

En tout premier lieu, il importe de réfléchir sur ses habitudes de lecture et sur ses attitudes envers cette activité. Différents questionnaires présentés aux annexes (*pages 90 et 92*) permettent de se faire une bonne idée de son propre profil de lecteur.

Des pistes pour favoriser l'engagement des enseignants en lecture

Pour les enseignants qui ne se trouvent pas suffisamment engagés en lecture, il existe des façons d'encourager cet engagement, comme on le ferait chez les élèves de la classe. Rappelons que le développement professionnel, lequel affecte les pratiques enseignantes et la performance des élèves, n'implique pas des solutions uniques, simples et à court terme. Ces suggestions ne sont pas magiques et ne peuvent plaire à tous. Si elles ne font qu'en inspirer certains, elles auront eu leur raison d'être. Les voici :

- Lisez sur un sujet qui vous passionne. Le jardinage ? L'architecture ? L'histoire du chocolat ? Avant d'acheter des livres, une visite à la bibliothèque s'impose pour avoir un aperçu de ce qui est à votre portée, à prix modique.

- ... ce qui veut également dire qu'être membre de la bibliothèque de votre quartier est aussi une idée à retenir.

- Informez-vous au sujet des clubs de lecture de votre entourage. Vous n'en connaissez pas ? Eh bien ! pourquoi n'en créez-vous pas un au sein de votre cercle professionnel ou social ? Les membres d'un club de lecture se rencontrent à quelques reprises lors de la lecture d'un roman, par exemple, pour discuter des idées et de ce que cela leur apporte personnellement. Il s'agit de proposer un livre qui semble inspirant (voir par exemple les prix littéraires et les succès de librairie) et de prévoir des rencontres pour échanger sur le sujet.

- La presse, les émissions culturelles à la télévision et à la radio ainsi que les différents magazines (même ceux consacrés à la mode) présentent très souvent des nouveautés littéraires. Les courtes descriptions et les critiques qui accompagnent ces présentations peuvent vous donner une bonne idée de la valeur de l'œuvre. Lorsque vous découvrez un critique qui a les mêmes champs d'intérêt que vous, vous pouvez ensuite vous fier à son flair pour rechercher des livres qui vous plairont.

- Certains libraires sont des personnes extraordinaires. Vous leur décrivez un thème, une ville que vous allez visiter, un genre littéraire, un livre qui vous a déjà séduit, et ils auront tout de suite une suggestion à vous faire. Vous devez apprendre à utiliser ces ressources.

- Les salons du livre valent la peine d'être visités puisque c'est à cette occasion qu'on découvre et redécouvre des auteurs, des livres et des maisons d'édition intéressantes qui offrent des collections qu'on aimera.

- Vous avez adoré un film ? Peut-être est-il tiré d'un roman dont l'auteur a écrit plusieurs autres œuvres qui vous plairont tout autant sur papier.

- Vos amis représentent également des sources importantes de conseils en matière de lecture. Quelqu'un qui partage des domaines d'intérêt avec vous dans la vie partage peut-être aussi les mêmes goûts en matière de littérature.

- Vous êtes fascinés par Albert Einstein, Édith Piaf, Fidel Castro ? Il faut lire leur biographie ! Vous préférez Bernard Voyer, l'explorateur du froid ? Lui-même a écrit un livre qui contient de magnifiques photos. Il est possible de lire une variété de textes sur les gens d'hier et d'aujourd'hui qui nous fascinent.

- Demandez à votre conjoint de vous faire la lecture et rendez-lui la pareille. Même si le livre n'est pas nécessairement un succès, cette expérience saura l'être.

- Discutez de lecture avec vos élèves, vous ferez une pierre deux coups.

- Essayez les romans qui s'adressent aux adolescents. Ils sont souvent moins longs à lire, ce qui peut aider à soutenir votre intérêt. Vous pourrez ensuite les présenter à vos élèves.

Souvenez-vous que les élèves engagés en lecture lisent pour apprendre, car ils sont curieux envers la vie. De plus, ils discutent et échangent volontiers avec des pairs ou des membres de leur famille sur la lecture et aiment que quelqu'un leur fasse la lecture. Ces caractéristiques pourraient bien se retrouver chez vous au fur et à mesure que votre engagement se développera. Ce sont en fait de bons indicateurs.

Le tableau 2.4 (*page suivante*) présente une synthèse de toutes les conditions qui sont susceptibles de créer l'engagement chez les élèves.

Tableau 2.4 ● **Ce dont les élèves ont besoin pour s'engager en lecture**

Un sentiment de compétence conjugué à des attentes élevées de l'enseignant	• Fournir des lectures et des tâches qu'ils seront en mesure de réussir. • Maintenir des attentes élevées envers chacun. • Leur faire valoir qu'ils progressent et qu'ils sont en mesure de relever de nouveaux défis en y investissant des efforts. • Différencier l'enseignement.
De la motivation intrinsèque et des expériences signifiantes	• Offrir des lectures qui émergent de leurs intérêts, de leurs expériences personnelles, de leur curiosité, de leurs interactions sociales et des défis qu'ils se lancent.
La disponibilité de textes d'intérêt et l'accessibilité à de tels textes	• Mettre à leur disposition une bibliothèque de classe bien garnie. • Faire une rotation des livres et la promotion des nouveautés.
La possibilité de faire des choix	• Leur laisser le choix des textes et des tâches afin qu'ils démontrent leurs compétences.
De la diversité dans les activités	• Leur donner la chance de lire beaucoup, de vivre plusieurs activités de lecture et d'explorer plusieurs types de textes. • Intégrer des matières à l'activité de lecture. • Proposer des lectures sans toujours demander de répondre à des questions. • Offrir différentes façons de démontrer leur compréhension ou leurs réactions. • Intégrer l'écriture et l'expression orale à la lecture. • Employer plusieurs regroupements (travail individuel, en duo, en équipes homogène et hétérogène). • Animer des travaux de durée variable. • Proposer des activités qui soutiennent le développement d'autres compétences.
Des stratégies efficaces	• Modéliser en appliquant soi-même les stratégies à haute voix. • Expliciter comment on utilise les stratégies et dans quelle situation.

Tableau 2.4 ● **Ce dont les élèves ont besoin pour s'engager en lecture** (*suite*)

Une communauté de lecteurs	• Créer un climat d'échange où chacun est valorisé lorsqu'il parle de ses lectures. • Proposer des modèles de bonnes discussions et d'échanges constructifs. • Tenter plusieurs fois l'expérience en classe pour entraîner les élèves.
Un enseignant modèle de lecteur	• Lire quotidiennement à haute voix aux élèves. • Lire de façon personnelle et le montrer à ses élèves. • Libérer du temps pour lire avec ses élèves, faire la promotion de textes et leur prêter par la suite. • Connaître une grande quantité de livres de qualité pour enfants afin d'être en mesure de les suggérer aux élèves. • Partager son vécu de lecteur avec les élèves.

Conclusion

Le chapitre 2 présentait dans un premier temps l'importance de favoriser l'engagement des élèves en lecture dès le début du primaire. Il a également été question des caractéristiques du jeune lecteur engagé, ce qui peut nous aider à comprendre comment les élèves développent des attitudes et des habitudes positives envers la lecture en plus d'une grande motivation à lire. Par la suite, nous avons abordé ce dont les élèves ont besoin dans leur famille, et surtout en classe, pour s'engager en lecture. Enfin, ce chapitre se termine avec la description de l'influence de l'enseignant lecteur sur ses élèves et des outils qui peuvent l'aider lui aussi à s'engager pour enfin recréer cet engagement en classe. Ce qu'il faut retenir de ce chapitre, c'est que l'enseignant joue un rôle des plus signifiants auprès des élèves lorsque vient le temps pour eux de s'engager et de progresser en lecture. Rappelons que l'enseignant est perçu comme un modèle et qu'il n'a en conséquence d'autres choix que de montrer son amour pour les livres.

Source : Joan Vicent Cant Roig/iStockphoto

CHAPITRE 3
Des enseignants inspirants

Le chapitre 3 présente trois enseignants qui sont des lecteurs engagés. La multitude d'interventions qu'ils mettent en œuvre pour stimuler et conserver leur propre engagement en lecture et celui des élèves soulève ici notre intérêt. À la lumière de leur témoignage et des diverses expériences de leur histoire, nous pouvons tirer la conclusion suivante : s'engager et favoriser l'engagement de tous types d'élèves en lecture est chose possible.

Ces enseignants nous ouvrent une porte sur leur vie d'élève, leur vie d'enseignant et leur vie personnelle, nous permettant ainsi d'établir des liens entre leurs différents vécus. Ces pans de leur histoire nous font aussi découvrir jusqu'à quel point des enseignants qui ont vécu des expériences très différentes, et qui travaillent dans des contextes tout aussi différents, arrivent à favoriser l'engagement en lecture d'élèves parfois ouverts, parfois récalcitrants. Cet engagement est bénéfique pour tous les membres de la communauté des lecteurs de la classe. L'environnement littéraire est passionnant, les échanges, riches, et les activités stimulent les enseignants comme les élèves. Une synthèse de l'information retrouvée dans chacun des profils est proposée à la fin de ce chapitre (*page 71*). Bonne lecture et… belles rencontres !

Comment je me suis engagé en lecture

Dany

Je suis un gars. Je suis né dans un milieu rural et défavorisé en 1976. **Là d'où je viens, le livre était classé dans la catégorie « objets repoussants »**, juste après la brosse à dents! À la maison, on ne lisait pas beaucoup. Mon père travaillait dans une épicerie et ma mère restait à la maison avec ses cinq enfants. Inutile de vous dire que le budget était serré en ce qui concerne la littérature. En fait, le seul livre que je me rappelle est la Bible illustrée de ma mère, qui était très croyante. Elle avait certainement mis le paquet pour faire de nous de bons petits catholiques. Ma petite reine de sœur avait aussi la série « Martine » que je n'aurais pas touchée même sous les pires menaces! À cinq ans, je pouvais déjà dire que la lecture, ce n'était pas pour moi. C'est avec ce bagage que j'ai fait mon entrée à la maternelle. Si la lecture n'était pas très importante pour mes parents, la réussite scolaire l'était. Il fallait trimer fort à l'école, étudier et faire nos devoirs. C'était une question de fierté! À l'école primaire, j'étais donc un lecteur lent; j'avais peu d'intérêt, mais j'obtenais la moyenne. J'allais à la bibliothèque lorsqu'on m'y obligeait et, la plupart du temps, mes amis et moi passions la période à pouffer de rire en feuilletant un livre imagé sur la puberté et la sexualité! *Le livre des records Guinness* faisait aussi partie des incontournables. En ce qui me concernait, le roman était l'affaire des filles; le documentaire, celle des « bollés »; et les bandes dessinées étaient rares et, donc, rationnées. De toute façon, je me situais dans la catégorie « sportif » et ça suffisait pour avoir un statut social respectable à l'école primaire.

Étrangement, et contre toute attente, c'est à l'adolescence que j'ai commencé à m'intéresser aux livres. L'immense polyvalente où j'ai atterri était une véritable jungle. On y retrouvait tous les genres : sportif, métal, gothique, intellectuel et bien d'autres. Les enfants d'agriculteurs y côtoyaient ceux des chefs d'entreprise. **C'est là que c'est arrivé… je suis tombé en AMOUR!** Ma première vraie blonde était une « intellectuelle ». Mes exploits sportifs ne suffisaient pas à l'impressionner. **Dans son univers, tout le monde avait lu tel ou tel auteur.** On discutait, on critiquait, on suggérait. J'étais perdu! J'ai donc joué la seule carte qui me restait : l'humilité. J'ai avoué mon ignorance et j'ai demandé à lire. **J'avais faim de vouloir être comme les autres.** On m'a d'abord proposé *Le prince des marées* de Pat Conroy, une gigantesque brique que j'ai mis longtemps à digérer. Ensuite, j'étais lancé et les romans se sont succédé à un rythme croissant. **Je lisais de plus en plus, je décodais les mots avec plus de rapidité, je commençais enfin à comprendre et à éprouver un certain plaisir.** Contrairement à mon premier amour, ma relation avec la lecture a survécu contre vents et marées.

Plus tard, au cégep et à l'université, je me suis intéressé aux sciences humaines : histoire, géographie, politique, philosophie, psychologie... **C'est là que j'ai découvert que non seulement la lecture donnait accès aux connaissances, mais qu'elle pouvait aussi aiguiser notre esprit critique.** À cette époque, j'ai commencé **à m'ouvrir au monde**, à voyager. Je suis aussi devenu un fanatique de l'argumentation. Je voulais convaincre et, pour y arriver, il fallait s'informer... il fallait LIRE ! Les romans et les lectures imposés au cégep ou à l'université ne me suffisaient plus. Je me suis donc mis à lire le journal.

Aujourd'hui, je pense être devenu un assez bon lecteur. J'ai une bibliothèque bien garnie à la maison. **Je lis pour le plaisir, pour apprendre, m'informer, mais aussi pour être plus critique.** La lecture est omniprésente dans ma vie. Elle peut m'aider à voter aux prochaines élections ou à relaxer après une journée difficile au travail.

Le contexte de ma pratique

Imaginez, je suis devenu enseignant de sixième année dans ma ville natale, même école primaire, même local de classe ! Même si la population a augmenté considérablement depuis mon enfance, les élèves, eux, n'ont pas beaucoup changé. Sans généraliser, plusieurs ressemblent à l'enfant que j'étais lorsque j'avais leur âge. **Ils voient la lecture comme une tâche pénible à accomplir.** Il faut s'en débarrasser en attendant la cloche libératrice qui leur permettra enfin d'aller bouger ! Certains élèves ont un vocabulaire pauvre et **ne comprennent pas toujours ce qu'ils lisent.** Je travaille dans un milieu où le niveau de scolarisation des parents est souvent faible. Il faut parfois composer avec des parents qui ont de la difficulté à accompagner leur enfant pour les devoirs et l'étude ; certains sont tout simplement analphabètes. De plus, de nombreuses familles vivent sous le seuil de la pauvreté.

Devant l'ampleur de la problématique, les gens du milieu ont mis sur pied une table des partenaires rassemblant des intervenants des écoles, de la maison des jeunes, de la municipalité, du CLSC, du service de police et des organismes communautaires. Les discussions ont amené tout le monde à travailler dans le même sens, notamment en ce qui concerne la lecture, qui a été déterminée comme étant une priorité. Plusieurs moyens très intéressants ont été mis en place. Par exemple, les familles démunies reçoivent des livres pour enfants dans le panier offert par la guignolée à Noël. Des budgets ont aussi été débloqués pour revitaliser les bibliothèques scolaires et celle de la municipalité. Évidemment, de beaux livres neufs et variés, c'est tellement plus vendeur!

Pour l'enseignant que je suis devenu, le défi est de faire la mise en marché de ces petites merveilles en classe. Il faut connaître les champs d'intérêt de l'élève et ses capacités pour lui conseiller l'auteur, le livre ou la collection qui réussira à l'accrocher. À première vue, cet exercice peut sembler facile, mais avec la nouvelle réalité du monde scolaire, c'est loin d'être gagné d'avance! Difficultés d'apprentissage, hyperactivité, déficit d'attention, trouble du langage, trouble de comportement sont quelques-uns des obstacles qui peuvent se dresser entre le livre et l'élève. Qu'est-ce qu'on suggère à Olivier, un jeune de sixième année qui veut lire Amos Daragon (comme son ami), mais qui a accumulé trois ans de retard en lecture à cause d'une dyslexie non décelée, faute d'orthophoniste? On le laisse lire ce qu'il veut et il décroche parce que c'est trop exigeant pour lui. Alors, on lui propose quelque chose de plus facile à lire comme un album et il nous regarde, découragé, l'air de dire: «Ben voyons! Tu me prends pour un bébé de première année!» Dans les deux cas, on risque de lui faire perdre son estime de lui-même et son intérêt. Que faire?

Mes valeurs et mes croyances en classe

Pour moi, **la lecture est la pierre angulaire de la réussite à l'école.** Elle transcende toutes les matières et le quotidien: lire pour résoudre, lire pour en savoir plus, lire la consigne, lire une règle, lire pour s'émouvoir, lire avant de signer... Bref, les habiletés en lecture sont fonction de la performance scolaire en général. Je pense que plusieurs composantes doivent être réunies pour voir l'élève rébarbatif changer d'attitude face à la lecture.

Premièrement, il doit **avoir accès à de bons livres et à un lieu attirant pour lire.** Outre les nombreux livres, on retrouve, dans mon coin lecture, un divan moelleux, une chaise berçante et même un hamac. Quelques plantes et plusieurs affiches complètent le décor. Beaucoup de couleurs (c'est comme ça qu'on les attire), du silence, un bon éclairage, du confort et le tour est joué!

Deuxièmement, **l'enseignant doit être un modèle pour ses élèves.** Je suis passionné par la lecture. Je lis devant eux, je leur fais parfois la lecture, je parle de ma bibliothèque, de mes coups de cœur, de telle ou telle nouvelle lue dans tel ou tel journal.

Troisièmement, il faut **accompagner et soutenir les jeunes lecteurs dans leurs choix de livres et tout au long de leur lecture.** Vendre le livre ne suffit pas;

on doit offrir un service après-vente ! En d'autres mots, il faut donner à l'élève les moyens de comprendre et d'apprécier la lecture qu'on lui propose. Les stratégies de lecture doivent être enseignées et appliquées pour donner un sens aux mots difficiles. On doit aussi tenir compte des champs d'intérêt et des particularités de chacun. Revenons à Olivier, mon dyslexique avec trois ans de retard. Il veut lire Amos Daragon. Super ! Il va le lire. Il ne faut pas tuer la motivation dans l'œuf ! Par contre, pour m'assurer qu'il en retire un bénéfice, je vais lui donner des moyens. D'abord, je compartimente la tâche (une page par jour). Ensuite, je m'assure qu'il applique les trucs qu'il a appris avec l'orthopédagogue pour pallier sa dyslexie. Pour finir, je peux lui demander de raconter le contenu de sa page à son ami qui lit le même livre pour consolider sa compréhension. Il peut aussi sauter des passages moins importants de l'histoire et se les faire expliquer par son copain.

Quatrièmement, je crois qu'il est nécessaire de **toucher à plusieurs genres littéraires** : le roman, la bande dessinée, l'album, la revue, le journal, la poésie, la nouvelle, le scénario, le documentaire, la lettre… Le jeune lecteur doit tout explorer ! Il faut aborder la lecture sous différents angles, car l'élève doit expérimenter pour définir ses goûts.

Les activités que je propose pour stimuler l'engagement en lecture dans ma classe

La lecture intégrée dans un projet multidisciplinaire : construction d'une boîte à savon

On a tendance à aborder la lecture séparément des autres matières, alors qu'elle s'acharne à mettre son nez partout. Puisqu'elle n'en fait qu'à sa tête, pourquoi ne pas la suivre dans son mouvement naturel et, du même coup, la rendre signifiante ? L'an dernier, j'ai construit une boîte à savon avec mes élèves de sixième année. L'idée est venue d'eux : « Nous autres, on aime les "chars", les courses… y faut que ça roule ! » Par contre, c'est moi qui ai structuré leur travail. Il fallait trouver de l'information, la lire, faire des plans, rassembler le matériel et construire le fameux bolide. Nous avons passé beaucoup de temps à la bibliothèque et au local d'informatique pour faire nos recherches. **Chose extraordinaire : j'ai vu des lecteurs très faibles s'attaquer à la lecture d'un texte complexe expliquant, par exemple, comment fabriquer un système de direction.** Les difficultés n'avaient pas disparues, mais la motivation était au rendez-vous et ils ont persévéré dans leur quête de sens. Ils appliquaient leurs stratégies de lecture religieusement. Progressivement, ils ont acquis du vocabulaire relatif au projet et, au passage, travaillé les anglicismes. Par exemple, ils savent maintenant ce qu'est « une forme elliptique » et qu'il faut dire « perceuse » au lieu de « *drill* ». Pour faire le point et

> On a tendance à aborder la lecture séparément des autres matières, alors qu'elle s'acharne à mettre son nez partout. Puisqu'elle n'en fait qu'à sa tête, pourquoi ne pas la suivre dans son mouvement naturel et, du même coup, la rendre signifiante ?

savoir ce que chacun avait vraiment compris, j'ai construit une évaluation de compréhension en lecture. D'abord, j'ai rassemblé dans un recueil les textes qu'ils avaient eux-mêmes trouvés. J'ai ensuite composé les questions de manière à faire ressortir les connaissances nécessaires à la construction de la boîte à savon. **Les élèves ont réalisé que, sans lecture, il n'y avait pas d'acquisition de connaissances et, donc, pas de boîte à savon.** Je passe sous silence les détails de la comptabilité du projet, de l'élaboration des plans et de la construction comme telle puisque ces étapes concernent davantage les mathématiques et les sciences. Au terme du projet, ils étaient fiers de dévaler les pentes au volant de leur boîte à savon. Pour couronner le tout, le journal local a décidé de publier un article sur le projet... une autre bonne occasion pour les élèves de s'engager en lecture.

Revue de presse

On se plaint souvent que nos jeunes sont influençables, qu'ils manquent de jugement. Je vous propose d'utiliser la lecture pour développer leur esprit critique. Tous les matins, je lis le journal tout en buvant mon café. **Avant de quitter la maison, je découpe un article susceptible d'intéresser mes élèves.** Arrivé à l'école, je le fais photocopier afin que chacun en ait un exemplaire sur son pupitre en entrant dans la classe. Les élèves connaissent la routine. D'abord, ils doivent lire l'article en utilisant leurs stratégies et leurs outils. Ensuite, ils doivent consigner les éléments importants du texte dans un tableau (Qui ? Quoi ? Où ? Quand ?) et le résumer en quelques mots. Ils doivent aussi situer l'endroit où s'est produit l'événement sur une des trois cartes (Québec, Canada, monde) que nous avons en classe. Pour finir, ils doivent répondre à une question qui orientera la discussion de groupe qui suivra. Par exemple, si l'article porte sur les jeux vidéo, la question pourrait être posée comme suit : « Devrait-on interdire l'accès aux jeux vidéo avec des contenus vulgaires ou violents aux jeunes de ton âge ? » **En peu de temps, les élèves apprennent à développer leur pensée, à argumenter et à justifier leur opinion.** On a parfois droit à des débats enflammés ! **Ils sont allumés, nos jeunes, lorsqu'on les laisse s'exprimer.** Ils ont des idées, ils s'ouvrent sur le monde et se préparent à prendre leur place comme citoyen.

Meurtre et mystère

La lecture, c'est très utile, mais c'est aussi très ludique ! C'est vendredi après-midi, les élèves sont fatigués, l'enseignant aussi. Des arts plastiques ? Un film? De l'improvisation? Je vous propose de la lecture! En plus, je vous garantis que vos élèves vont bien s'amuser! L'idée est simple. Quelle famille n'a pas un vieux jeu de *Meurtre et mystère* (utilisé une seule fois) qui traîne dans le fond d'un placard? Demandez à vos élèves de récupérer tous ces petits bijoux, **formez les équipes et distribuez les rôles une semaine à l'avance pour qu'ils aient le temps de trouver leur déguisement. Je vous conseille de former les groupes en considérant le niveau de compétence en lecture de chacun.** Ainsi, vous éviterez l'attente et les frustrations aux bons lecteurs tout en soutenant plus attentivement votre groupe de lecteurs débutants. En quoi, précisément, cette activité stimule-t-elle la lecture? D'abord, le but du jeu est de trouver le meurtrier. Tout le monde est suspect. L'élève doit lire la description du personnage de manière à l'incarner avec justesse. Ensuite, ils ont chacun un carnet de jeu et doivent le consulter pour poser des questions embarrassantes aux autres ou y répondre sans attirer les soupçons. Il est impossible pour l'élève de seulement lire son texte à haute voix. **Il doit lire silencieusement, s'approprier l'information pertinente et la reformuler tout en jouant son rôle.** Quel défi! Enfin, il y a parfois des pièces à conviction à lire. Il peut s'agir d'une lettre laissée par le défunt ou d'un bout de journal intime. Une mauvaise lecture et hop! un indice peut vous passer sous le nez. Que de suspens!

Mes livres préférés

Pour les bons lecteurs de quatrième, cinquième et sixième année, je conseille fortement la collection « Le funeste destin des Baudelaire » de Lemony Snicket pour son irrésistible humour noir. Pour des éclats de rire à donner des crampes au ventre, il faut opter pour *Un cadavre de classe* de Robert Soulières. Pour ceux qui préfèrent les albums, je suggère *Bienvenue chez Big Burp* d'Élise Gravel pour rigoler. Pour les lecteurs qui aiment les histoires vraies, tristes et qui ont du « punch », je propose *Une si jolie poupée* de Pef ou encore *Fidèles éléphants* de Yukio Tsuchiya et Bruce Robert.

Vous, les adultes, lisez n'importe quel roman de Jules Verne pour le plaisir de partir à l'aventure en restant bien confortablement assis dans votre fauteuil. Mon préféré: *Michel Strogoff*. Lisez *Soie*, d'Alessandro Baricco, pour la douceur et la beauté de l'histoire. Lisez *Patience dans l'azur*, d'Hubert Reeves, pour vous sentir infiniment petit et pour prendre conscience de l'infiniment grand. Lisez *La part de l'autre*, d'Éric-Emmanuel Schmitt, pour comprendre Hitler. Lisez *Juillet*, de Marie Laberge, pour être bouleversé. Lisez *L'écume des jours*, de Boris Vian, pour l'originalité. Lisez *Messieurs les enfants*, de Daniel Pennac, pour retomber en enfance. **Lisez!**

Comment je me suis engagée en lecture

Lucie

Mon engagement en lecture a débuté assez tôt. Lorsque j'étais petite, nous habitions chez mon grand-père. C'était un homme qui parlait peu avec nous, mais il lisait son journal tous les jours de la première à la dernière page. **Je me souviens de la hâte qui m'habitait de pouvoir enfin faire comme lui** et de pouvoir lire les bandes dessinées qui s'y trouvaient. Lorsque j'ai commencé à apprendre à lire, c'est ce qui m'a motivée à apprendre le plus vite possible.

À la maison et à l'école, nous ne possédions pas beaucoup de livres. Mes parents n'étaient pas de grands lecteurs mais, lorsqu'elle le pouvait, ma mère nous achetait un livre. Je me souviens de quelques « Martine » et des livres de la Comtesse de Ségur. Dans le milieu rural d'où je viens, il n'y avait pas de bibliothèque publique ou scolaire. **À mon arrivée au secondaire, j'ai découvert l'univers de la bibliothèque mais, au lieu d'être stimulée, j'ai trouvé cet endroit intimidant, ne sachant pas quoi choisir.** Je prenais un livre au hasard, mais je lisais rarement des romans. Je ne me souviens pas qu'on nous ait suggéré des livres ou des auteurs, sauf en cinquième secondaire où il fallait lire un roman. C'était *Bonheur d'occasion* de Gabrielle Roy. Des amis m'ont présenté des bandes dessinées et je me rappelle avoir lu la collection entière des « Astérix » et des « Tintin ». Puis, j'ai découvert le monde des magazines. Ce type de lecture me convenait bien à l'époque. Des textes courts qui cernent le sujet rapidement. La lecture qui m'attirait était davantage une lecture informative.

Par la suite, j'ai étudié et travaillé dans des domaines variés avant d'atterrir finalement en éducation. Au cégep, il fallait lire certains romans. J'ai souvenir d'avoir lu *Cette nuit la liberté,* une biographie du Mahatma Gandhi. À l'époque, je me souviens avoir hésité, car le livre était très volumineux et cela me rebutait un peu. **Je me suis surprise à dévorer littéralement ce livre. J'ai réalisé alors qu'il m'avait permis de découvrir un personnage important et inspirant, mais aussi une culture et un monde alors inconnus pour moi.**

Ma première vraie rencontre avec le roman de fiction s'est produite dans un cours sur le roman où nous devions lire *Tristan et Iseult,* œuvre reconnue comme étant à l'origine de ce genre littéraire. Pour être honnête, je n'ai pas tellement été « accrochée » à l'époque par l'histoire. C'est plutôt l'univers du Moyen Âge que j'y ai découvert et qui m'a fascinée depuis ce temps. Par la suite, j'ai lu plusieurs livres de l'auteure Jeanne Bourin dont les récits se déroulent toujours à cette période dans l'Histoire. **Une autre œuvre qui m'a marquée, c'est** *Comme un roman* **de Daniel Pennac, d'abord et surtout pour ses droits indéfectibles du lecteur. J'y repense toujours lorsque j'essaie d'amener un élève vers la lecture.**

Lorsque je suis arrivée en enseignement, j'ai remarqué qu'on mettait l'accent presque uniquement sur la compréhension lorsqu'on parlait de la lecture. À ma dernière année d'étude, j'ai eu un cours sur les œuvres littéraires. Ce cours a ouvert une porte sur un univers alors inconnu pour moi : la littérature pour la jeunesse. La personne chargée de ce cours nous a fait découvrir entre autres des titres, des auteurs, des genres littéraires et des façons d'animer un récit en classe. La partie que nous préférions était la lecture qu'elle nous faisait d'une œuvre à la fin de chacun des cours. **Des livres pourtant destinés aux enfants nous faisaient vivre un moment magique grâce à l'animation qui en était faite. Encore aujourd'hui, cette enseignante et sa façon d'animer l'histoire m'inspirent chaque fois que je présente une œuvre à un groupe.**

À mes débuts en enseignement, il y a 10 ans, la lecture de livre en classe était surtout réservée au préscolaire et à la première année, jusqu'à ce que les élèves sachent lire par eux-mêmes. Comme j'enseignais au deuxième cycle, la lecture en classe était surtout individuelle et réservée à la période de bibliothèque ou aux rares moments libres. À cette époque, ma fille aînée baignait déjà depuis ses premiers mois de vie dans l'univers des livres et des histoires. **C'est en allant avec elle à bibliothèque municipale que j'ai découvert la multitude des livres proposés aux enfants.** Je me suis mise à emprunter des livres qui seraient susceptibles d'intéresser mes élèves. Retournant aux notes de cours que j'avais prises à l'université, j'ai décidé de me lancer. La réaction de mes élèves n'a pas été vraiment à la hauteur de mes attentes. Plusieurs ont trouvé que c'était bébé de se faire raconter une histoire. J'ai tout de même persisté, essayant de varier les livres et raffinant ma façon de les raconter. J'éprouvais de la difficulté non seulement à sélectionner des livres, car je n'en connaissais pas beaucoup, mais aussi à trouver du temps pour les animer.

Il y a environ cinq ans, j'ai décidé de suivre une formation donnée par ma commission scolaire sur les œuvres littéraires. À la fin de la formation, la conseillère pédagogique m'a demandé si je souhaitais faire partie d'un groupe de recherche-action sur la nouvelle compétence d'appréciation des œuvres littéraires. J'ai donc fait partie de ce groupe pendant trois ans. Nous avons beaucoup échangé sur nos façons de faire et expérimenté de nombreuses activités dans nos classes respectives. Mais, surtout, j'y ai rencontré des enseignantes qui étaient rendues plus loin que moi dans leur démarche pour amener leurs élèves à développer une passion pour la lecture, et **le partage de nos expériences fut pour moi un bain de ressourcement qui me porte encore aujourd'hui.** Avec les membres de ce groupe, j'ai aussi rédigé une trousse pratique regroupant les différentes ressources offertes et un recueil d'activités d'appréciation littéraire. Cette année, on a commencé à me demander d'aller présenter cette trousse à d'autres enseignants lors d'animations. Cela me permet à la fois de me questionner sur mes pratiques et d'aider à mon tour d'autres enseignants qui, comme moi, ont envie de se lancer dans cette belle aventure.

Le contexte de ma pratique

Ce processus, enclenché il y a déjà longtemps, ne cesse d'évoluer au fil du temps, des activités, des réactions des élèves et des discussions que j'ai avec d'autres enseignants qui partagent ou non ma passion pour la lecture. **Les difficultés que j'éprouve viennent plus souvent des adultes que des enfants.** Pour **certains enseignants,** la lecture, c'est surtout une affaire de compréhension. La tâche est parfois lourde, les défis nombreux pour aider nos élèves à réussir dans leur cheminement scolaire. Donc, lorsque je parle des livres que je présente en classe ou des activités que je fais autour de la lecture pour le plaisir, je sens souvent que les gens aimeraient bien, mais qu'ils ne voient pas comment ils pourraient faire entrer cela dans l'horaire. **Du côté des parents,** je constate qu'ils apprécient ce que je fais en classe pour stimuler le goût pour la lecture chez leur enfant, mais peu d'entre eux poursuivent cette démarche à la maison en s'offrant comme modèles ou en emmenant leur enfant à la bibliothèque municipale. Ironiquement, c'est un peu ce qui me motive à poursuivre et à faire à la lecture une place de plus en plus grande.

Je constate tout de même qu'avec les années, le milieu scolaire où j'évolue devient de plus en plus réceptif à la lecture-plaisir et à la lecture-découverte. Notre bibliothèque scolaire est assez bien garnie et fonctionne grâce au dévouement de quelques parents bénévoles. Cette année, le plan de réussite vise celle des élèves en lecture. Nous avons donc eu, depuis le début de l'année, plusieurs animations littéraires visant les jeunes, les parents et les enseignants.

Je sens que cela a porté des fruits. Des élèves qui n'étaient pas portés vers la lecture ont été tentés d'essayer certains livres proposés par l'animateur. **C'est ce qui me fait réaliser de plus en plus que l'engagement en lecture naît d'une communication entre des lecteurs.** C'est en ce sens que j'orienterai mes activités cette année. J'essaierai d'amener mes élèves à communiquer à d'autres élèves leur plaisir de lire et leurs connaissances entourant le livre.

> L'engagement en lecture naît d'une communication entre des lecteurs.

Mes valeurs et mes croyances en classe

Il y a quelques années, j'ai eu la chance d'enseigner au même groupe pendant deux années consécutives. Plusieurs élèves connaissaient peu les livres au début de la première de ces deux années. **Nous avons exploré plusieurs genres littéraires, découvert une multitude d'auteurs et d'illustrateurs mais, surtout, ils ont appris à parler de leurs lectures, à partager le plaisir. J'ai vraiment vu une évolution dans le temps.** J'ai réussi à aller très loin dans le choix des livres que je pouvais leur proposer. Ils étaient devenus très ouverts et réceptifs à la nouveauté et avaient acquis un bagage littéraire très intéressant. En ce moment, je vis quelque chose de différent, mais qui me confirme que je suis sur la bonne voie. Dans ma présente classe, je retrouve le tiers des élèves que j'avais dans mon groupe de l'an dernier. Cette ouverture vers le livre, je la constate une fois de plus chez mes anciens et chez les élèves qui ont vécu des expériences similaires avec mon ancienne collègue. Ce sont eux maintenant qui communiquent leur passion à ceux qui n'ont pas connu le même environnement l'an dernier. **J'ai donc décidé cette année d'inscrire ma classe dans un regroupement de clubs de lecture.** Les élèves ont reçu une carte de membre, ont trouvé un nom à notre club ainsi qu'une mascotte. Des activités se vivront à l'intérieur du cadre du club alors que d'autres se feront de façon moins officielle.

Je me rends compte avec les années que **ce qui engage le plus les élèves en lecture, c'est le fait d'introduire les livres dans leur quotidien pour qu'il devienne naturel d'être entouré de livres. Notre bibliothèque de classe est toujours remplie de livres** et ceux-ci changent régulièrement. Je m'approvisionne à la bibliothèque du quartier où habitent mes élèves. J'y emprunte un grand nombre de livres et, chaque mois, un comité « bibliothèque » formé de quelques élèves vient faire le choix et l'emprunt avec moi. Je profite aussi du centre de ressources pédagogiques de ma commission scolaire et de la bibliothèque de l'école. Il arrive même souvent que j'emprunte des livres à la bibliothèque de mon quartier. J'aménage aussi un coin de ma classe consacré tout spécialement à la lecture et aux livres. Lorsque l'espace le permet, il y a un coin lecture avec des coussins où les élèves peuvent s'asseoir à tour de rôle, un babillard où sont affichées des nouvelles du monde littéraire, et le rebord des tableaux sert souvent de présentoir pour les livres qui traitent du thème du moment.

Je ne me sers pas des livres uniquement pour raconter des histoires. Je désire que les enfants voient que le livre peut être à la base de tout, qu'il permet non seulement de faire rêver, de vivre des aventures, de rire et d'avoir peur, mais aussi de s'informer, de réfléchir, de découvrir et de discuter. Pour cette raison, je commence souvent des activités d'écriture, de mathématiques, d'univers social, de sciences, d'art et même de catéchèse par la lecture ou la présentation d'un livre. J'apporte des extraits de journaux que je leur lis en partie, des livres sur un artiste ou un style artistique, des histoires racontées sous forme d'énigmes à résoudre, des contes philosophiques ou écologiques, des biographies de scientifiques ou d'inventeurs célèbres. Selon les thèmes que nous abordons, j'essaie aussi de trouver des récits de fiction (romans ou albums) en lien avec ces thèmes. Enfin, les manuels que nous avons choisis en français présentent une quantité énorme d'extraits d'albums ou de romans pour les jeunes. J'essaie donc aussi d'apporter les livres d'où proviennent ces extraits.

Tout cela peut sembler lourd et complexe. Mes collègues de travail sont maintenant habitués à me voir arriver avec des sacs et des bacs remplis de livres. Il est vrai que cela demande de l'organisation et du temps pour sélectionner tous ces livres et surtout pour s'assurer de ne pas les perdre. Avec le temps, je constate que cela devient plus facile, car je connais mieux les auteurs et les collections qui sont susceptibles de plaire à mes élèves. C'est aussi un engagement personnel de ma part et je suis consciente que tout le monde ne partage pas les mêmes champs d'intérêt que moi. **Chaque enseignant donne sa couleur personnelle aux expériences d'apprentissage qu'il fait vivre à ses élèves.** Par la lecture, je peux transmettre à mes élèves des valeurs qui sont importantes pour moi comme l'ouverture sur le monde, le partage, le plaisir d'apprendre et le respect des différences, pour n'en nommer que quelques-unes. Cette démarche, je la fais aussi pour mes propres enfants, car je désire qu'elles aussi profitent de tout ce que je fais par rapport à la lecture. Je vais même jusqu'à animer des histoires dans la classe d'une de mes filles lorsque je suis en congé. C'est peut-être ce qui me motive le plus et c'est aussi ce qui fait qu'en ce moment, le livre tient une aussi grande place dans ma vie.

Les activités que je propose pour stimuler l'engagement en lecture dans ma classe

Depuis environ cinq ans, j'ai présenté des activités variées autour du livre. Je remarque que celles qui ont eu l'impact le plus positif étaient souvent les plus simples, mais surtout celles où j'avais plaisir à animer ou celles qui apportaient du plaisir aux élèves. En voici quelques exemples.

Animer une histoire en changeant sa voix selon le personnage

Cela est particulièrement efficace pour les histoires où les personnages sont très typés; c'est encore plus intéressant si l'on crée une ambiance adaptée à celle du livre. J'adore lire de cette façon *Poil de serpent, dent d'araignée*, écrit par Danielle Marcotte et illustré par Stéphane Poulin. Il est bien sûr nécessaire de s'exercer avant pour rendre l'histoire crédible pour les enfants. Les élèves deviennent rapidement accros au plaisir de se faire lire des histoires. Ils ont ensuite envie de prendre le livre pour le découvrir par eux-mêmes. J'essaie de toujours faire remarquer des choses différentes dans les livres que je présente. Cela peut être le genre littéraire, le style de l'auteur ou de l'illustrateur, le sujet, la construction même du livre, la typographie, le pays de provenance, un thème, etc. Un élève qui n'est pas, de prime abord, attiré par la lecture sera peut-être indirectement amené, par un autre aspect, à prendre un certain livre.

Faire une dégustation de livres

Cette activité m'a été inspirée par le document publié par Communication-Jeunesse pour ses clubs de lecture. Les élèves sont invités à un « repas » littéraire constitué d'une entrée, d'un plat principal et d'un dessert qui sont en fait des livres. L'entrée peut par exemple être un album, le plat principal, un petit roman, et le dessert, une bande dessinée. On pourrait tout aussi bien choisir de la poésie, des livres de blagues, des périodiques ou des albums documentaires. À la fin de chaque service, l'élève laisse des traces de sa dégustation sur son napperon (une feuille 11 po × 17 po qu'on peut faire plastifier à la suite du repas).

La lecture personnelle : un moment sacré

Chaque jour, dans ma classe, le retour du dîner est consacré à la lecture personnelle. C'est un moment sacré d'environ 15 minutes où tous lisent ou se reposent au son d'une musique douce. Au début, certains élèves me demandent de faire autre chose ou font semblant de lire. Peu à peu, après les autres activités que nous faisons autour des livres, la presque totalité se laisse gagner par l'envie de lire et de partager ses lectures. Au fil des semaines, je vois souvent les élèves se conseiller des livres, demander à leurs voisins de leur prêter tel livre lorsqu'il aura fini de le lire ou venir me voir pour me demander si je pourrais lire à la classe un livre qu'ils viennent de lire.

Une fête livresque

Chaque année, je me fais un devoir de consacrer une journée spéciale à la lecture et aux livres. C'est une fête livresque où les élèves participent à des activités littéraires de formes variées. Elles peuvent prendre la forme d'un rallye dans l'école, d'activités à l'ordinateur, de lecture libre sur des matelas avec coussins, couverture et pantoufles, de lecture animée, de jeux littéraires, etc.

Mes suggestions de livres

En terminant, j'aimerais présenter quelques-uns de mes livres coups de cœur. Ce sont tous des livres pour les jeunes.

- *Une histoire à quatre voix*, d'Anthony Browne. Cette histoire raconte un fait banal : une promenade au parc. Les quatre personnages racontent chacun leur version de cet événement en y apportant leur couleur. Les illustrations d'Anthony Browne apportent une dimension unique à cette histoire autrement sans intérêt. Le fait de voir qu'il s'agit du même événement n'est pas toujours évident pour les enfants. **C'est là où la médiation est importante de la part de l'animateur.** Sans guide, les élèves ne profiteraient pas de toute la richesse de cet album. On y retrouve beaucoup d'éléments qui font référence à l'art, à des contes traditionnels, à la représentation des sentiments ou de l'état d'esprit des personnages, à la représentation de leur niveau social et aux relations interpersonnelles. C'est un album que j'ai toujours hâte de présenter à mes élèves tellement il est riche. **Les discussions qui en résultent vont souvent très loin.** Les élèves sont fascinés par tout ce que cet album contient. Par la suite, ils ne regardent plus les illustrations d'un livre de la même façon. Elles prennent tout à coup une plus grande importance et ajoutent au propos de l'histoire.

- *Le buveur d'encre,* d'Éric Sanvoisin. Un déclencheur merveilleux. C'est l'histoire d'un garçon qui aperçoit un jour un vampire qui boit l'encre des livres en y insérant une paille. En voulant en savoir plus, il se retrouve sous l'emprise du vampire et en devient un lui-même. Il découvre alors que **les livres ont tous un goût différent.** Cela lui permet de vraiment entrer dans l'histoire et de vivre intensément les aventures qui y sont racontées. Le mystère, le vampire, la peur… ce livre a tout pour plaire aux élèves du deuxième cycle en début d'année. À la suite de la présentation de ce petit roman, je demande souvent aux élèves de me dire quel goût ils attribueraient aux autres livres qu'ils lisent ou que je leur présente. Pour certains, cela reste un goût d'aliment mais, pour d'autres, cela devient une façon de me décrire l'ambiance décrite au fil du livre et de parler des émotions qu'ils ont ressenties durant leur lecture. **Cette année, notre club de lecture s'appelle même « Les buveurs d'encre ».** Chaque élève a reçu une petite paille, symbole du club, et quelques élèves l'insèrent dans les livres qu'ils lisent pour en goûter la saveur. Ce roman fait partie d'une série de quatre volumes. Ils ne sont pas tous d'égale valeur. Cela me permet de faire **comparer les livres entre eux et de développer l'esprit critique** des élèves à l'égard des livres qu'ils lisent.

- *Les six serviteurs,* des frères Grimm, illustré par Serguei Goloshapov. Dans ce conte peu connu des frères Grimm, les personnages sont plus grands que nature et possèdent tous des qualités et des talents qui les rendent uniques et importants à leur façon. C'est une histoire à la structure traditionnelle, mais un peu complexe, que j'utilise lorsque **je travaille la structure des récits** avec les élèves. J'aime aussi parler des caractéristiques physiques et de la personnalité des personnages. Les personnages de ce récit étant très typés, cela est plus facile pour les enfants.

D'autres titres que j'aime particulièrement

- *Et ils suivirent la Grande Ourse* de Jeanette Winter.
- *La belle lisse poire du prince de Motordu* de Pef.
- *La princesse dans un sac* et *Je t'aimerai toujours* de Robert Munsch.
- *Le balai magique* de Chris Van Allsburg.
- *Le monstre poilu* d'Henriette Bichonnier, illustré par Pef.
- *Poil de serpent, dent d'araignée* de Danielle Marcotte, illustré par Stéphane Poulin.
- *Pourquoi ?* de Nicolaï Popov.
- *Vieux Thomas et la petite fée* et *L'oiseau des sables* de Dominique Demers, illustrés par Stéphane Poulin.
- *Zzzut !* et *Mineurs et vaccinés* d'Alain M. Bergeron, illustrés par Sampar.

La lecture dans ma classe

Nancy

Mes activités

Mon panier de livres

C'est lundi matin. Mon gros panier de rotin plein de 40 livres est caché sous ma table. Les jeunes ont hâte. Ils attendent la période avant le dîner. C'est là que je leur présente ma nouvelle sélection. La veille, je suis allée à la bibliothèque Centrale-Jeunes pour remplir ma carte d'abonnement. Pendant près de deux heures, je sillonne les rayons, je questionne les si gentils bibliothécaires, j'écoute leurs suggestions, je discute avec mon collègue et je choisis mes livres. Je ne me sers pas d'une liste précise. **J'y vais selon le pouls de ma classe.** C'est ainsi tous les trois dimanches, après une promenade, une bonne discussion et une bonne bouffe en compagnie d'un collègue sur la rue Saint-Denis. Un de mes importants petits bonheurs. Revenons à la classe au lendemain de ces troisièmes dimanches. Les jeunes, assis sur le bout de leur fessier, écoutent pourquoi j'ai choisi chacun des livres. Pendant 30 minutes, je montre minutieusement chacun des albums, bandes dessinées, recueils et documentaires. «Celui-là est dans mon panier pour l'auteur, la collection, les illustrations. Celui-là vous fera rire, celui-là, pleurer. Attention! celui-là vous fera réfléchir! Celui-là, je ne le connais pas. C'est une suggestion de la bibliothécaire, etc.» Chacun des livres est présenté tel un bijou, un trésor. La cloche du dîner sonne. **Plusieurs ne quittent pas la classe, car ils ont déjà le nez collé dans le livre.** Ces moments se vivent plus d'une douzaine de fois dans l'année. Chaque fois, c'est un succès. Chaque fois, les jeunes VEULENT lire. Maintenant, multipliez : 13 × 40 livres = 520 livres entre leurs mains. Et là, on ne compte pas ceux de ma bibliothèque personnelle, que je présente avec autant d'importance…

En cours d'année, j'ajoute une feuille à suggestions au mur, près des livres. Les élèves, ayant davantage de connaissances littéraires, affinent leurs goûts. Alors, ils m'écrivent ce qu'ils désirent que j'emprunte à la bibliothèque. Leurs choix s'arrêtent parfois sur un auteur en particulier. D'autres fois, c'est un genre ou une collection qu'ils aimeraient explorer. Ces désirs découlent de leurs lectures ou bien des catalogues qui sont disponibles dans un coin de la bibliothèque. C'est là que je mets les catalogues et publicités que je ramasse en librairie ou dans les salons du livre. J'y dépose aussi des chroniques littéraires de revues ou de journaux. Ces références leur servent même à faire leur liste de cadeaux! Évidemment, tous ces catalogues et chroniques seront présentés aux élèves. Brièvement, mais présentés. Ils doivent connaître l'objectif de mes actes.

La lecture personnelle

Au retour du dîner, c'est la détente lecture. Les lumières sont tamisées. Une douce musique sans paroles feutre aussi l'ambiance. Chacun est installé dans sa bulle avec son livre. Certains aux sofas, d'autres au tapis. (Rarement, très rarement, j'ai besoin d'intervenir pour qu'un enfant lise. Il n'y a que le temps de l'installation qui est parfois plus long. Mais c'est, je crois, normal. La perfection n'existe pas dans ma classe.) C'est alors qu'une autre dimension survient. Celle où LIRE est l'acte essentiel à la vie. Souvent, je circule doucement autour d'eux. Je regarde ce qu'ils lisent. Je me penche pour les questionner : « Ah! oui, où es-tu rendu? Comment trouves-tu ça? Est-ce que ça va? Tu comprends? Est-ce que c'est la première fois que tu le lis? Celui-là, je ne le connais pas. Comment est-il? En laisseras-tu une trace dans ton carnet? Ah! moi, j'ai aimé lorsque… » **Ainsi, j'alimente et je différencie.** D'autres fois, je m'assois dans ma chaise de bois et je les regarde. Je les regarde lire. Je regarde leur position, leur concentration, leur expression. C'est important. Je veux savoir à quels genres de lecteurs j'ai affaire. Je suis certaine qu'ils savent pourquoi je les observe. Cela les sécurise. C'est ainsi que j'acquiers leur confiance. Enfin, évidemment, souvent je lis aussi. Pas pour leur montrer que j'aime lire. Ils le savent. **Je lis parce que j'en ai envie.** Quand je n'ai plus de petits travaux à faire. (C'est rare que j'aie à faire cela pendant cette période. Moi aussi, j'ai fondamentalement besoin de lecture pour commencer mon après-midi.) Au début de l'année, 20 minutes suffisent pour assouvir leur besoin de se détendre en lisant. À la fin de l'année, ils se choquent lorsque, après 40 minutes, j'allume les lumières et parle mathématiques. Chaque fois, je leur rigole au nez et leur demande, par-ci par-là, de quel monde je les ai extirpés. Ce moment est bon, car chacun parle avec intensité de sa lecture. Et là, l'enseignante sourit, fière de sa réussite.

L'histoire

Arrive la fin de la journée. Les sacs sont faits. La classe est rangée. (C'est parfois à un autre moment de la journée.) Au son du carillon, on se rassemble au salon. J'entrouvre mon armoire secrète ou ma valise et choisis le bon livre selon l'atmosphère du moment. Ont-ils besoin de rire? De pleurer? De réfléchir? Sont-ils prêts pour une présentation spéciale? Mon choix s'ajuste aussi au temps qu'il me reste. (Si ce n'est que quelques secondes, j'empoigne ma brique de poèmes et j'en lis un qui est court.) Pour réussir à faire le bon choix, je connais mes élèves et mes livres. Parfois, ce sont eux qui me guident en me disant : « Oh ! Nancy, quelque chose de léger. On est fatigués ! » Mon choix est fait. Les yeux sont tous tournés vers moi. Ils ont hâte. **Mes grands aiment que je leur raconte des histoires.** J'aime leur raconter des histoires. J'y mets mes expressions, mes émotions. Impossible d'éviter le ravalement de mes larmes lorsque je lis *C'est un papa* ou *Fidèles éléphants*. Un de ceux qui fait renifler les enfants est *Au revoir grand-père*, alors que *Aboie, Georges !* et *Non, David !* font toujours rigoler. On les redemande souvent. Pour sa part, *Dans la gueule du monstre* rend les jeunes perplexes. En sixième année, le premier livre que je raconte est *Coyote mauve*. Lorsque j'étais en première année, c'était *Rien qu'un bisou !* Souvent, lorsque je raconte une histoire, j'en profite pour étudier une notion : l'auteur, qui il est, la qualité des illustrations, les maisons d'édition européennes ou québécoises, une collection particulière, un texte difficile, les stratégies de lecture, le style littéraire, un beau mot, une anecdote, le moment, l'endroit où j'ai acheté ce livre, etc. **Chaque chose dite autour d'un livre peut devenir source de motivation, d'engouement, de curiosité.** Cela s'ajoute au plaisir de l'histoire entendue. Je tente de raconter un livre tous les jours. Encore, comptez, cela fait au moins 160 livres que je raconte. Cent soixante fois, la lecture émerge en eux.

La présentation de mes livres, les périodes de lecture et le temps de l'histoire me sont essentiels. Ces activités sont régulières. **Elles s'inscrivent parfaitement dans le cadre de ma discipline et de mes valeurs.** J'aime le confort de la routine. Elle sécurise les enfants et leur permet de jouir simplement et quotidiennement de **ce qui est important, c'est-à-dire les livres.**

Mes valeurs et mes croyances

Tout peut découler de la lecture : la réussite scolaire, la culture, l'ouverture sur le monde, l'exploration de différentes émotions. Ce sont mes visées lorsque j'enseigne. J'ose prétendre qu'ainsi j'aiderai les jeunes à mieux vivre. Azouz Begag écrivait : « Notre chance à nous, êtres humains, c'était de pouvoir lire des livres et profiter de l'histoire des autres pour enrichir la nôtre [...]. Se cultiver, c'est comme cultiver la terre, la nourrir pour se nourrir » (*Le théorème de Mamadou*). Cette citation est affichée dans ma classe. Plus nous sommes cultivés, mieux nous sommes nourris, mieux nous pouvons vivre et enrichir la vie de notre entourage. Jamais je ne pourrais vivre auprès d'enfants sans saisir l'occasion de les aider à se nourrir, à s'enrichir, à se cultiver. Moi, je ne peux tout leur transmettre. Mon bagage de connaissances n'est pas suffisant. Par contre, je peux leur apporter tous les livres possibles, les ouvrir avec eux, les admirer avec eux, les découvrir avec eux. Je me nourris autant qu'eux dans les livres. Si je ne peux transmettre autant de connaissances que je le souhaiterais, je peux toutefois transmettre ma soif de savoir et de m'enrichir. Ça, j'y arrive. Et cela m'enivre!

Ce qui est aussi fascinant dans les livres, c'est le trésor d'émotions qu'on peut y trouver. Les enfants en vivent régulièrement de toutes sortes dans leur vie. La mort, la perte, la séparation, la guerre, la trahison, le suicide, l'amour, l'amitié, la différence, etc. Les albums nous permettent de vivre ces moments avec eux. Souvent mes élèves pleurent lorsque je raconte certaines histoires. C'est comme si je leur montrais à pleurer. La lecture d'albums les aide à mettre des mots sur leurs émotions. Vendredi matin, Mickaël, les yeux enflés par les larmes nocturnes, contient difficilement ses sanglots. Il est à l'envers. La veille, son chien est mort. Quelques jours auparavant, nous avions lu en classe *Mon chien Gruyère.* Je lui tends son journal personnel. D'un coup de crayon, il écrit:

> « Salut Nancy,
>
> Hier, mon chien est mort. Il s'appelait Bibitte. J'ai été l'enterrer chez mon Papy. Je n'ai pas aimé ce moment hier.
>
> Ça se peut que nous allons avoir un autre chien qui lui ressemble.
>
> C'est moi qui lui donnais son bain. C'était amusant. À tous les matins, il me sautait dessus. Sauf un matin. C'était aujourd'hui. »

Voilà. Le livre avait fait effet. Il a pu mettre des mots, de doux souvenirs sur sa peine. Encore là, l'enseignante était béate.

Lire pour s'ouvrir sur le monde, lire pour s'enrichir. Encore faut-il apprendre à bien lire! C'est en sachant lire qu'un enfant peut réussir à l'école. Il faut amener l'élève à comprendre ce qu'il lit, et ce, de la première année du premier cycle jusqu'à la fin du troisième cycle, en enseignant, entre autres, des stratégies de lecture qui, disons-le, ne s'acquièrent pas automatiquement. **L'enseignement des stratégies de lecture est une préoccupation dans ma classe.** C'est parfois une gymnastique plus compliquée puisque chacun lit ce qu'il désire. Par contre, avec de l'enseignement sous différentes formes, c'est possible. Je m'organise et je me fais confiance. **Je n'utilise pas de manuels de base. Je n'y crois plus.**

Mon engagement en lecture

Dès mes premières années d'enseignement en première année, je me suis vite rendu compte que les manuels scolaires ne me permettaient pas de montrer à lire convenablement à tous. Ils ne me permettaient pas non plus de donner le goût de lire. C'était pour moi une catastrophe. Dès lors, j'ai commencé à me questionner. **Comment faire pour bien enseigner à lire en donnant le** goût de lire? J'ai beaucoup lu, beaucoup fait, beaucoup réfléchi. Après quelques années, Yves Nadon, un enseignant de Sherbrooke, m'a énormément inspirée. Son savoir-faire m'a permis de faire des liens entre la théorie et la pratique. Je le cite: «Pour apprendre à lire et à écrire, les enfants doivent côtoyer de grands auteurs, des textes bien écrits, des plumes inspirantes… et des lecteurs emballés qui utilisent la littérature pour sa profondeur et les possibilités d'enrichissement humain, pour les occasions qu'elle offre de faire des liens, de voir les choses à travers différentes perspectives, de réexaminer notre façon de voir et d'apprendre des autres.» *Lire et écrire en première année… et pour le reste de sa vie,* Chenelière/McGraw-Hill. Ce n'est certes pas qu'à travers les manuels scolaires que ces possibilités s'offriront. Encore, je continue de lire les théories. J'analyse mon enseignement. **Je tente constamment de faire mieux.** Parfois, pour me faire du bien, je relis *Comme un roman* de Daniel Pennac. Source d'inspiration intrinsèque puissante chaque fois. Montrer à bien lire, là est mon premier engagement. À cela, l'enseignante est déterminée!

Le contexte de ma pratique

Tous les matins, mon école au bord de l'eau m'attend au bout de mes 4,5 km de vélo sur ma route de campagne. Les enfants arriveront endormis mais joyeux. Ils descendront des autobus venant des terres ou des rives. Ils sont seulement 113 dans l'école. Une classe par degré. Tout est parfait, je sais. Par contre, **je crois que, partout où nous sommes, nous pouvons faire de notre classe un havre de paix envahi par les livres.**

> Je crois que, partout où nous sommes, nous pouvons faire de notre classe un havre de paix envahi par les livres.

Les livres dont nous parle Nancy

- *Aboie, Georges!* de Jules Feiffer.
- *Au revoir grand-père* de Una Leavy, illustré par Jennifer Eachus.
- *C'est un papa* de Rascal, illustré par Louis Joos.
- *Comme un roman* de Daniel Pennac.
- *Coyote mauve* de J.-L. Cornette, illustré par Rochette.
- *Dans la gueule du monstre* de Colette Barbé, illustré par Jean-Luc Bénazet.
- *Fidèles éléphants* de Yukio Tsuchiya, illustré par Bruce Robert.
- *Mon chien Gruyère* de Yves Nadon, illustré par Céline Malépart.
- *Non, David!* de David Shannon.
- *Rien qu'un bisou!* de Christophe Loupy, illustré par Ève Tharlet.

Conclusion : Ce que ces enseignants nous disent...

Ces enseignants ont vécu des expériences bien différentes sur les plans de la lecture et de la formation. Or, ils partagent des éléments qui font d'eux des modèles pour stimuler l'engagement des élèves en lecture. Voici ces éléments :

- Ils aiment véritablement et sincèrement la lecture.

- Ils s'affichent ouvertement comme lecteurs en classe.

- Ils consacrent beaucoup de temps à la lecture et à l'enseignement de la lecture en classe.

- Ils parlent de lecture avec les élèves.

- Ils connaissent beaucoup de livres.

- Ils ont des passions, des champs d'intérêt et des goûts qu'ils transposent dans leur enseignement. Grâce à ça, les élèves ont non seulement un modèle de lecteur engagé devant eux, mais aussi un modèle d'apprenant engagé.

- Ils personnalisent leur enseignement de sorte qu'ils se sentent impliqués eux aussi dans les activités qu'ils proposent. Par exemple, Dany aime les débats ; alors, il suscite des discussions en classe.

- Ils ont vécu des expériences avec des modèles de lecteur ou de pédagogue, ce qui les a incités à développer leurs pratiques.

- Ils réfléchissent aux défis et aux enjeux propres à leur contexte de pratique pour offrir des activités et des lectures qui répondent réellement aux besoins des élèves.

- Ils n'ont pas peur de tenter de nouvelles expériences.

Des lecteurs engagés

Dany, Lucie et Nancy sont tous trois des enseignants qui ont décidé d'accorder une grande place à la lecture et à cet enseignement en classe. Or, ils ne privilégient pas la lecture uniquement parce qu'ils croient que c'est important. **Le fait d'être un lecteur engagé** contribue aussi à cette prise de décision pédagogique. Ils apportent en classe leur bagage personnel et vivent des expériences d'enseignement enrichissantes pour eux également.

Des modèles

De plus, Dany, Lucie et Nancy nous parlent des modèles qu'ils ont rencontrés et qui ont représenté des sources d'inspiration. À leur tour, ils sont de véritables modèles pour leurs élèves et peut-être même pour d'autres collègues. Donc, **une personne engagée dans un domaine peut en inspirer une seconde, qui à son tour répétera le processus.** Cet effet « boule de neige » est bénéfique en classe puisqu'il a pour conséquence de recréer l'engagement chez les autres de façon très naturelle.

Des praticiens réflexifs

Enfin, les trois enseignants sont des penseurs. Ils réfléchissent et conjuguent les besoins de leurs élèves avec leurs propres domaines d'intérêt pour créer un climat d'apprentissage confortable et stimulant. Cette réflexion prend du temps, mais le jeu en vaut la chandelle. Elle permet aussi aux enseignants de prendre des risques, d'essayer des activités, de nouvelles lectures, de nouveaux genres. Les enseignants, en réfléchissant comme ils le font, sont capables d'évaluer la qualité de leur enseignement pour s'améliorer. **Ainsi, leurs pratiques se construisent de jour en jour, grâce à la réflexion, aux essais qu'ils font, aux besoins qu'ils découvrent, aux domaines d'intérêt et aux passions qui les portent.** Voilà peut-être le secret de leur engagement, autant en lecture que dans leur profession.

Ces trois exemples d'enseignants engagés qui suscitent l'engagement en lecture ne servent qu'à démontrer toutes les possibilités qui s'offrent à nous lorsque nous voulons créer un monde de lecteurs. Tous les enseignants du primaire diront que la lecture est fondamentale à l'apprentissage de tous les autres domaines. Dany, Lucie et Nancy croient aussi à cette affirmation, mais ils vous diront aussi que la lecture est essentielle à l'appréciation de toutes les sphères de leur vie.

Bibliographie

ALVERMANN, D. 2003. *Seeing Themselves as Capable and Engaged Readers: Adolescents and Re/Mediated Instruction* (en ligne), téléchargé le 28 janvier 2005 : <www.ncrel.org/litweb/readers/index.html>.

APPLEGATE, A. J. et M. D. APPLEGATE. 2004. « The Peter effect : Reading habits and attitudes of preservice teachers », *The Reading Teacher*, n° 57, p. 554-563.

BANDURA, A. 2003. *Auto-efficacité : Le sentiment d'efficacité personnelle*, Paris : De Boeck.

BARIBEAU, C. 2004. « Les profils d'adolescents lecteurs », dans M. Lebrun (dir.), *Les pratiques de lecture des adolescents québécois*, Sainte-Foy, Québec : MultiMondes.

BLOCK, C. C. et J. N. MANGIERI. 2003. *Exemplary literacy teachers*, New York : Guilford Press.

BOURDAGES, L. 2001. *La persistance aux études supérieures : Le cas du doctorat*, Sainte-Foy (Québec) : PUQ.

CAMPBELL, B. et G. SIROIS. 1999. *Les intelligences multiples*, Montréal : Chenelière Éducation.

CLAY, M. M. 1991. *Becoming Literate : The Construction of Inner Control*, Auckland, NZ : Heinemann.

COX, K. E. et J. T. GUTHRIE. 2001. « Motivational and cognitive contributions to students' amount of reading », *Contemporary Educational Psychology*, n° 26, p. 116-131.

CSIKSZENTMIHALYI, M. 1990. *Flow : The Psychology of Optimal Experience*, New York : Harper and Row.

CSIKSZENTMIHALYI, M. 1996. *Creativity : Flow and the Psychology of Discovery and Invention*, New York : Harper Perennial.

CSIKSZENTMIHALYI, M. 2004. *Vivre : La psychologie du bonheur*, Paris : Robert Laffont.

DREHER, M. J. 2003. « Motivating teachers to read », *The Reading Teacher*, n° 56, p. 338-340.

DUBÉ, L., S. KAIROUZ et M. JODOIN. 1997. « L'engagement : Un gage de bonheur », *Revue québécoise de psychologie*, n° 18, p. 211-237.

DWECK, C. 2000. *Self-Theories : Their Role in Motivation, Personality, and Development*, Philadelphie : Psychology Press.

FINK, R. P. 1996. «Successful dyslexics: A constructivist study of passionate interest reading», *Journal of Adolescent & Adult Literacy*, n° 39, p. 268-280.

GALAND, B. et M. VANLEDE. 2004. «Le sentiment d'efficacité personnelle dans l'apprentissage et la formation: Quel rôle joue-t-il? D'où vient-il? Comment intervenir?», *Les cahiers de recherche en éducation et formation*, n° 29, p. 2-21.

GAMBRELL, L. B. 1996. «Creating classroom cultures that foster reading motivation», *The Reading Teacher*, n° 50, p. 14-25.

GARDNER, H. 1993. *Multiple Intelligences: The Theory in Practice*, New York: Basic Books.

GERVAIS, F. 1997. *École et habitudes de lecture*, Montréal: Chenelière/McGraw-Hill.

GIASSON, J. 2003. *La lecture: de la théorie à la pratique*, 2ᵉ éd., Boucherville: Gaëtan Morin Éditeur.

GIASSON, J. et L. SAINT-LAURENT. 2003. *Facteur de protection contre l'échec en lecture au premier cycle du primaire*, rapport de recherche remis au Fonds de recherche sur la société et la culture, téléchargé le 4 novembre 2005: <www.fqrsc.gouv.qc.ca/recherche/index1.html>.

GODDARD, R. D., W. K. HOY et A. WOOLFOLK. 2000. «Collective teacher efficacy: Its meaning, measure, and impact on student achievement», *American Educational Research Journal*, n° 37, p. 479-508.

GUTHRIE, J. T. et E. ANDERSON. 1999. «Engagement in reading: Processes of motivated, strategic, knowledgeable, social readers», dans J. T. Guthrie et D. E. Alvermann (dir.), *Engaged reading: Processes, practices, and policy implications*, New York: Teachers College Press, p. 17-45.

GUTHRIE, J. et A. WIGFIELD. 1997. *Reading engagement*, Newark, DEL: International Reading Association.

HORNER, S. L. et C. S. SCHWERY. 2002. «Becoming and engaged, self-regulated reader», *Theory into Practice*, n° 41, p. 102-110.

IVEY, G. et K. BROADDUS. 2001. «"Just plain reading": A survey of what makes student want to read in middle school classrooms», *Reading Research Quarterly*, n° 36, p. 350-377.

KOLLOFF, P. B. 2002. «Why teachers need to be readers», *Gifted Child Today Magazine*, n° 2, p. 50-54.

LEBRUN, M. 2004. *Les pratiques de lecture des adolescents québécois*, Québec: Éditions Multimondes.

MCKENNA, M. C., D. J. KEAR et R. A. ELLSWORTH. 1995. «Children's attitudes toward reading: A national survey», *Reading Research Quarterly,* nº 30, p. 934-935.

MINISTÈRE DE L'ÉDUCATION DU QUÉBEC (MEQ). 1994. *Compétence et pratiques de lecture des élèves québécois et français: Une comparaison Québec-France,* Gouvernement du Québec.

MOJE, E., J. YOUNG, J. READENCE et D. MOORE. 2000. «Reinventing adolescent literacy for new times: Perennial and millennial issues», *Journal of Adolescent & Adult Literacy,* nº 43, p. 400-407.

MORRISON, T. G., J. S. JACOBS et W. SWINYARD. 1999. «Do teachers who read personally use recommended literacy practices in their classrooms?», *Reading Research & Instruction,* nº 38, p. 81-100.

NADON, Y. 2002. *Lire et écrire en première année… et pour le reste de sa vie,* Montréal: Chenelière/McGraw-Hill, 184 p.

NEWBURG, D., J. KIMIECIK, N. DURAND-BUSH et K. DOELL. 2002. «The role of resonance in performance excellence and life engagement», *Journal of Applied Sport Psychology,* nº 14, p. 249-267.

NORTH CENTRAL REGIONAL EDUCATIONAL LABORATORY (NCREL). 2005. *Quick Key 10 Action Guide: Using Student Engagement to Improve Adolescent Literacy* (en ligne), consulté le 22 avril 2006: <www.ncrel.org/litweb/adolescent/qkey10/qkey10.pdf>.

OBSERVATOIRE NATIONAL DE LA LECTURE (ONL). 2000. *Maîtriser la lecture,* France: Odile Jacob.

OFFICE DE LA QUALITÉ ET DU RENDEMENT (OQRE). 2003. *Tests en lecture, écriture et mathématiques, 3ᵉ année et 6ᵉ année, Rapport sur les résultats provinciaux,* Gouvernement de l'Ontario.

PEREZ, S. A. 1986. «Children see, children do: teachers as reading models», *The reading teacher,* nº 40, p. 8-11.

PERRENOUD, P. 2003. «"À chacun son rythme": Une idée fausse sur les cycles, mais qui a la vie dure!», *Bulletin du GAPP* (Groupement cantonal genevois des associations de parents d'élèves des écoles primaires et enfantines) (en ligne), nº 94, p. 7-8, téléchargé le 20 octobre 2004: <www.unige.ch/fapse/SSE/teachers/perrenoud/php_main/textes.html>.

PINTRICH, P. R. 1999. «The role of motivation in promoting and sustaining self-regulated learning», *International Journal of Educational Research,* nº 31, p. 459-470.

PINTRICH, P. R. et D. H. SCHUNK. 2002. *Motivation in Education: Theory, Research, and Applications,* 2ᵉ éd., New Jersey: Merrill Prentice Hall.

POWELL-BROWN, A. 2003. « Can you be a teacher of literacy if you don't love to read? », *Journal of Adolescent & Adult Literacy,* nº 47, p. 284-288.

PRENOVEAU, J. 2007. *Cultiver le goût de lire et d'écrire: Enseigner la lecture et l'écriture par une approche équilibrée,* Montréal: Chenelière Éducation, 224 p.

PRESSLEY, M. 2002. *Reading instruction that works,* New York: The Guilford Press.

REEVE, J. 2004. *Understanding motivation and emotion,* 4ᵉ éd., New York: Wiley.

ROMAINVILLE, M. 1993. *Savoir parler de ses méthodes,* Bruxelles: De Boeck.

SANACORE, J. 2002. « Questions often asked about promoting lifelong literacy efforts », *Intervention in School and Clinic,* nº 37, p. 163-167.

SCHAUFELI, W. B., I. M. MARTINEZ, A. M. PINTO, M. SALANOVA et A. B. BAKKER. 2002. « Burnout and engagement in university students », *Journal of Cross-Cultural Psychology,* nº 33, p. 464-481.

SCHUNK, D. H. et B. J. ZIMMERMAN. 1997. « Developing self-efficacious readers and writers: The role of social and self-regulatory process », dans J. T. Guthrie et A. Wigfield (dir.), *Reading Engagement: Motivating Readers through Integrated Instruction,* Newark, DE: International Reading Association, p. 34-50.

SELIGMAN, M. et M. CSIKSZENTMIHALYI. 2000. « Positive Psychology, an introduction », *American Psychologist,* nº 55, p. 5-14.

SKINNER, E. A. et M. J. BELMONT. 1993. « Motivation in the classroom: reciprocal effects of teacher behavior and student engagement across the school year », *Journal of Educational Psychology,* nº 85, p. 571-581.

STANOVICH, K. E. 1986. « Matthew effects in reading: Some consequences of individual differences in the acquisition of literacy », *Reading Research Quarterly,* nº 21, p. 360-407.

STROMMEN, L. T. et B. F. MATES. 2004. « Learning to love reading: interviews with older children and teens: students in sixth and ninth grades were surveyed to determine attitudes toward reading and identify factors associated with the development of a love of reading », *Journal of Adolescent & Adult Literacy,* nº 48, p. 188-201.

SWAN, E. A. 2003. *Concept-Oriented Reading Instruction: Engaging Classrooms, Lifelong Learners,* New York: The Guilford Press.

TOMLINSON, C. 2004. « Differenciating instruction », dans T. L. Jetton, et J. A. Dole (dir.), *Adolescent literacy research and practice,* New York : Guilford Press.

TOMLINSON, C. A. 1995. *How to Differentiate Instruction in Mixed-Ability Classrooms,* Alexandria, VA : Association for Supervision and Curriculum Development.

TOMLINSON, C. A. 2000. *Differentiation of instruction in the elementary grades* (en ligne), téléchargé le 20 février 2005 : <www.ericfacility.net/databases/ERIC_Digests/ed443572.html>.

VIAU, R. 1994. *La motivation en contexte scolaire,* Montréal/Bruxelles : Édition du renouveau pédagogique/De Boeck Université.

WINNYKAMEN, F. 1990. *Apprendre en imitant,* Paris : Presses universitaires de France.

WORTHY, J. 2002. « What makes intermediate-grade students want to read ? », *The Reading Teacher,* n° 55, p. 568-569.

ZIMMERMAN, B. J., S. BONNER et R. KOVACH. 2000. *Des apprenants autonomes : Autorégulation des apprentissages,* Paris : De Boeck Université.

Livres pour enfants et adolescents cités dans cet ouvrage

BARBÉ, C. 1999. *Dans la gueule du monstre,* ill. J.-L. Bénazet, Laval : Les 400 Coups.

BEGAG, A. 2002. *Le théorème de Mamadou,* ill. J. Claverie, Paris : Seuil jeunesse, coll. « Création Jeunesse ».

BERGERON, A. M. 2001. *Zzzut!,* ill. Sampar, Saint-Lambert : Soulières Éditeur, coll. « Ma petite vache a mal aux pattes ».

BERGERON, A. M. 2002. *Mineurs et vaccinés,* ill. Sampar, Saint-Lambert : Soulières Éditeur, coll. « Ma petite vache a mal aux pattes ».

BICHONNIER, H. 2001. *Le monstre poilu,* ill. Pef, Paris : Gallimard jeunesse, coll. « Folio benjamin ».

BROWNE, A. 1998. *Une histoire à quatre voix,* Paris : Kaléidoscope.

CORNETTE, J.-L. 1999. *Coyote mauve,* ill. Rochette, Paris : École des loisirs, coll. « Pastel/Lutin poche ».

DELAHAYE, G. Série « Martine », ill. M. Marlier, Tournai : Casterman.

DEMERS, D. 2000. *Vieux Thomas et la petite fée,* ill. S. Poulin, Saint-Lambert : Dominique et compagnie.

DEMERS, D. 2003. *L'oiseau des sables,* ill. S. Poulin, Saint-Lambert : Dominique et compagnie.

FEIFFER J. 2003. *Aboie, Georges!,* Paris : École des loisirs, coll. « Pastel/Lutin poche ».

GIONO, J. 2002. *L'homme qui plantait des arbres,* ill. W. Glasauer, Paris : Gallimard jeunesse, coll. « Folio cadet ».

GRAVEL, É. 2005. *Bienvenue chez Big Burp,* Montréal : Éditions Imagine.

GRIMM, W. et J. GRIMM. 1996. *Les six serviteurs,* ill. S. Goloshapov, Zurich : Éditions Nord-Sud.

JOLIN, D. Séries « Toupie » et « Binou », Saint-Lambert : Dominique et compagnie.

LEAVY, U. 1996. *Au revoir grand-père,* ill. J. Eachus, Paris : Bayard.

LEWIS, C. S. *Les chroniques de Narnia,* Paris : Gallimard, coll. « Folio junior ».

LOUPY, C. 2005. *Rien qu'un bisou!,* ill. È. Tharlet, Zurich : Éditions Nord-Sud.

MARCOTTE, D. 1996. *Poil de serpent, dent d'araignée,* ill. S. Poulin, Montréal : Les 400 Coups, coll. « Billochet ».

MUNSCH, R. 1991. *Je t'aimerai toujours,* ill. S. McGraw, Scarborough (Ontario) : Firefly.

MUNSCH, R. 1993. *La princesse dans un sac,* ill. M. Martchenko, Toronto : Annick Press.

NADON, Y. 2006. *Mon chien Gruyère,* ill. C. Malépart, Montréal : Les 400 Coups, coll. « Carré blanc ».

PEF. 2001. *La belle lisse poire du prince de Motordu,* Paris : Gallimard jeunesse, coll. « Folio benjamin ».

PEF. 2001. *Une si jolie poupée,* Paris : Gallimard jeunesse.

PERRO, B. Série « Amos Daragon », Montréal : Éditions Les Intouchables.

POPOV, N. 1995. *Pourquoi?,* Zurich : Éditions Nord-Sud.

RASCAL. 2005. *C'est un papa,* ill. L. Joos, Paris : École des loisirs, coll. « Pastel/Lutin poche ».

ROWLING, J. K. Série « Harry Potter », Paris : Gallimard, coll. « Folio junior ».

SANVOISIN, É. 1995. *Le buveur d'encre,* ill. M. Matje, Paris : Nathan, coll. « Demi-Lune ».

SCOTTO T. 2003. *Rendez-vous n'importe où,* ill. I. Monchy, Paris : Thierry Magnier.

SHANNON, D. 2000. *Non, David!,* Paris: Nathan.

SNICKET, L. 2002. *Nés sous une mauvaise étoile,* Saint-Lambert: Héritage, coll. «Le funeste destin des Baudelaire», n° 1.

SOULIÈRES, R. 1998. *Un cadavre de classe,* Saint-Lambert: Soulières Éditeur, coll. «Graffiti».

TOLKIEN, J. R. R. Trilogie *Le Seigneur des Anneaux,* Paris: Gallimard, coll. «Folio junior».

TSUCHIYA, Y. 2001. *Fidèles éléphants,* ill. B. Robert, Montréal: Les 400 Coups, coll. «Carré blanc».

VAN ALLSBURG, C. 1993. *Le balai magique,* Paris: École des loisirs.

VERNE, J. 2006. *Michel Strogoff,* Paris: Elcy, coll. «Hetzel».

WINTER, J. 1993. *Et ils suivirent la Grande Ourse,* Éditions Françoise Deflandre.

Livres pour adultes cités dans cet ouvrage

BARICCO, A. 2001. *Soie,* Paris: Gallimard, coll. «Folio».

BÉROUL. 2000. *Tristan et Iseult,* Paris: Gallimard.

BROWN, D. 2004. *Da Vinci Code,* Paris: JC Lattès.

CONROY, P. 2005. *Le prince des marées,* Paris: Pocket.

HUSTON, N. 1999. *Nord Perdu,* Arles: Actes Sud, coll. «Un endroit où aller».

LABERGE, M. 1993. *Juillet,* Montréal: Boréal, coll. «Boréal compact».

LAPIERRE, D. et L. COLLINS. 1994. *Cette nuit la liberté,* Paris: Pocket.

PENNAC, D. 1999. *Messieurs les enfants,* Paris: Gallimard, coll. «Folio».

PENNAC, D. 2003. *Comme un roman,* Paris: Gallimard, coll. «Folio».

REEVES, H. 1988. *Patience dans l'azur: L'évolution cosmique,* Paris: Seuil.

ROY, G. 1993. *Bonheur d'occasion,* Montréal: Boréal, coll. «Boréal compact».

SCHMITT, É.-E. 2003. *La part de l'autre,* Paris: Le livre de poche.

SIJIE, D. 2001. *Balzac et la petite tailleuse chinoise,* Paris: Gallimard, coll. «Folio».

VIAN, B. 1997. *L'écume des jours,* Paris: Le livre de poche.

Encercle la figure qui est le plus près de la façon dont tu te sens pour chacune des questions suivantes :

très fâché	ennuyé	indifférent	content	très heureux
☹	☹	😐	🙂	😊

Lecture loisir

Comment te sens-tu…

- lorsque tu lis un livre alors qu'il pleut ?

- lorsque tu lis dans tes temps libres à l'école ?

- lorsque tu lis chez toi pour le plaisir ?

- lorsque tu reçois un livre en cadeau ?

- lorsque tu passes du temps libre à lire ?

- lorsque tu commences un nouveau livre ?

- lorsque tu lis pendant les vacances d'été ?

- lorsque tu lis au lieu de jouer ?

- lorsque tu vas à la librairie ?

- lorsque tu lis un nouveau genre de livre ?

Source : Traduit et adapté de McKenna, Kear et Ellsworth (1995).

Lecture scolaire

Comment te sens-tu…

- lorsque ton enseignant te pose des questions sur tes lectures ?

- lorsque tu travailles dans ton cahier d'exercices ?

- lorsque tu lis à l'école ?

- lorsque tu lis tes manuels scolaires ?

- lorsque tu apprends des choses dans un livre ?

- lorsque c'est une période de lecture en classe ?

- à propos des histoires racontées en classe ?

- lorsque tu lis à voix haute devant les autres ?

- lorsque tu dois chercher dans le dictionnaire ?

- lorsqu'on t'évalue en lecture ?

Interprétation : Ce questionnaire aidera ton enseignant à comprendre ce qui t'intéresse en lecture.

Source : Traduit et adapté de McKenna, Kear et Ellsworth (1995).

ANNEXE 2 ● Questionnaire sur les motivations des élèves pour la lecture

	Vrai	Faux	Total
1. Je suis un bon lecteur.	☐	☐	
2. Je sais que j'aurai de bons résultats en lecture cette année.	☐	☐	**A**
3. Je suis meilleur en lecture que plusieurs élèves de ma classe.	☐	☐	/4
4. Je suis meilleur en lecture qu'en mathématiques, en sciences, en arts et en sports.	☐	☐	
5. J'aime les livres difficiles.	☐	☐	
6. J'aime lorsque les livres me font me poser des questions.	☐	☐	**B**
7. J'apprends des choses compliquées lorsque je lis.	☐	☐	/4
8. Si le sujet m'intéresse, je suis capable de lire des livres très difficiles.	☐	☐	
9. Si mon enseignant parle de quelque chose d'intéressant, je serai porté à lire sur ce sujet.	☐	☐	
10. Je lis au sujet des passe-temps qui m'intéressent.	☐	☐	**C**
11. J'aime lire des textes qui me donnent de nouveaux éléments d'information.	☐	☐	/6
12. J'aime lire de nouvelles choses.	☐	☐	
13. Quand je lis, il m'arrive d'oublier que le temps passe.	☐	☐	
14. J'aime lire sur d'autres pays.	☐	☐	

Source : Traduit et adapté de Guthrie et Wigfield (1997).

	Vrai	Faux	Total
15. J'aime lire des histoires fantastiques et irréelles.	☐	☐	
16. Je me fais des images dans ma tête quand je lis.	☐	☐	**D**
17. Les personnages des livres sont comme des amis.	☐	☐	/6
18. J'aime les livres sur les mystères.	☐	☐	
19. J'aime les longs livres d'histoires.	☐	☐	
20. Je lis beaucoup de livres d'aventure.	☐	☐	
21. C'est très important pour moi d'être un bon lecteur.	☐	☐	**E**
22. Si je la compare avec d'autres activités que je fais, la lecture est très importante.	☐	☐	/2
23. Mes amis me disent parfois que je suis un bon lecteur.	☐	☐	
24. J'aime lorsque l'enseignant me dit que je lis bien.	☐	☐	**F**
25. Je suis content lorsque quelqu'un voit que je suis en train de lire.	☐	☐	/5
26. Mes parents me disent souvent que je suis bon en lecture.	☐	☐	
27. J'aime qu'on me complimente quand je lis.	☐	☐	
28. J'ai toujours hâte de savoir si mon enseignant me considère comme un bon lecteur.	☐	☐	
29. Le bulletin est un bon moyen de savoir si je suis un bon lecteur.	☐	☐	**G**
30. Je lis pour devenir meilleur à l'école.	☐	☐	/4
31. Mes parents me demandent de leur montrer mes résultats en lecture.	☐	☐	

Source : Traduit et adapté de Guthrie et Wigfield (1997).

	Vrai	Faux	Total
32. Je visite la bibliothèque souvent avec ma famille.	☐	☐	
33. Je lis avec mes parents, mes frères et mes sœurs (si j'en ai).	☐	☐	
34. Je lis parfois devant mes parents.	☐	☐	**H**
35. Mes amis me prêtent des livres.	☐	☐	
36. Je parle avec mes amis de mes lectures.	☐	☐	/7
37. J'aime aider mes amis à faire leurs travaux et devoirs en lecture.	☐	☐	
38. J'aime montrer à mes parents les livres et les textes que je lis.	☐	☐	
39. J'aime être le seul à connaître la réponse lorsqu'on questionne la classe sur une lecture.	☐	☐	
40. J'aime être le meilleur en lecture.	☐	☐	**I**
41. J'aime terminer mes lectures avant les autres élèves.	☐	☐	/4
42. Je suis prêt à travailler fort pour devenir meilleur que les autres en lecture.	☐	☐	
43. Je fais toujours mes travaux de lecture comme l'enseignant les explique.	☐	☐	
44. Je lis seulement des textes que mon enseignant me propose.	☐	☐	**J**
45. J'essaie toujours de terminer mes travaux de lecture à temps.	☐	☐	/3
46. Je n'aime pas lire des choses difficiles.	☐	☐	
47. Je n'aime pas lire de nouveaux mots.	☐	☐	
48. Les histoires compliquées ne sont pas intéressantes.	☐	☐	**K**
49. Je n'aime pas quand il y a trop de personnages dans une histoire.	☐	☐	/4

▶

Source : Traduit et adapté de Guthrie et Wigfield (1997).

Interprétation

Ce petit questionnaire, constitué d'énoncés «vrais» ou «faux», en dit long sur les raisons qui poussent les élèves à lire. À la lumière de leurs réponses, évaluez les catégories suivantes pour chacun des élèves. Posez-vous les questions suivantes : Si cet enfant est un lecteur, qu'est-ce qui l'incite à lire ? Si cet enfant n'est pas engagé en lecture, qu'est-ce qui le décourage ?

A = Le sentiment de compétence en lecture

B = Les défis apportés par la lecture

C = La curiosité

D = L'engagement affectif et cognitif

E = L'importance accordée à la lecture

F = La reconnaissance des autres

G = Les résultats scolaires

H = Les interactions sociales

I = La compétition

J = La reconnaissance de l'enseignant

K = L'évitement des tâches de lecture

Enfin, vous pouvez recueillir tous les questionnaires remplis par les élèves et évaluer ce qu'il serait bon de travailler de façon individuelle, en petits groupes et aussi avec tous pour stimuler davantage l'engagement de vos lecteurs en herbe.

Source : Traduit et adapté de Guthrie et Wigfield (1997).

Cet entretien se fait de façon individuelle. Il faut préalablement demander à l'élève d'apporter un livre qu'il a lu et apprécié. On peut enregistrer cet entretien ou simplement prendre des notes.

- Comment as-tu choisi ce livre ?

- Choisis-tu toujours tes livres de cette façon ?

- Qu'as-tu aimé dans ce livre ?

- Est-ce ton auteur préféré ? En as-tu un ? Qui est-ce ?

- À qui conseillerais-tu ton livre ? Pourquoi ?

- Quels sont les autres sujets ou thèmes qui t'intéressent ?

- As-tu éprouvé des difficultés ? À quel moment ?

- Est-ce un livre difficile, moyen ou très facile ? Explique-moi pourquoi.

- Si tu avais à me lire une partie du livre, quelle partie choisirais-tu ?

- Lis-moi cet extrait.

- Raconte-moi dans tes mots ce que tu viens de lire.

- Y a-t-il des choses que tu doives améliorer en lecture ?

- Comment pourrais-je t'aider avec cette difficulté ?

- Quel autre livre projettes-tu de lire bientôt ?

- Qu'aimerais-tu que je place dans la bibliothèque de la classe ?

ANNEXE 4 ● Pour avoir des discussions intéressantes

Choisir quelques questions selon le texte lu.

Questions qui portent sur les personnages

- Aimeriez-vous être l'un des personnages? Lequel? Pourquoi?

- Connaissez-vous quelqu'un qui ressemble à (un personnage)? Comment?

Questions qui portent sur l'action du texte

- Quelque chose de semblable vous est-il déjà arrivé?

- Comment vous sentiriez-vous si (un événement décrit dans le texte courant ou littéraire) survenait?

- Pensez-vous que cela pourrait arriver? Pourquoi?

- Si vous pouviez entrer dans l'histoire (ou dans la situation qui est décrite), que feriez-vous? Qui seriez-vous?

Questions qui portent sur l'auteur

- Qu'aimeriez-vous demander à l'auteur?

- Pourquoi l'auteur a-t-il écrit ce texte?

- Pourquoi l'auteur a-t-il donné ce titre? Quel autre titre pourrait-on donner à ce texte?

Questions qui amènent les élèves à faire des liens avec leur expérience

- Qu'avez-vous ressenti?

- Comment imaginez-vous les personnages (dans un récit), les personnes impliquées (dans un texte courant), le lieu, les objets?

- Comment feriez-vous la promotion de ce livre, de ce texte, de ce magazine, du sujet dont il est question dans le texte?

- Pourquoi ce texte est-il intéressant ou important à lire?

- À qui conseilleriez-vous la lecture de ce texte? Pourquoi?

- Que changeriez-vous dans le texte ou dans l'histoire?

- Qu'écririez-vous de votre côté? Pourquoi?

- Cela vous fait-il penser à d'autres lectures? Lesquelles et pourquoi?

Source: Inspiré de Block et Mangieri, 2003.

- Quelles images avez-vous vues dans votre tête en lisant ?
- Quelle partie du texte avez-vous aimée ou n'avez-vous pas aimée ?

Questions de métacognition

- Avez-vous appris des choses ? Lesquelles ?
- Après avoir lu ce texte, avez-vous changé d'opinion sur (le sujet du texte) ?
- Croyez-vous que des personnes peuvent être en désaccord avec vous ? Pourquoi ?
- En lisant ce texte, vos sentiments ont-ils changé plusieurs fois ? Comment cela s'est-il passé ?
- Comment vous êtes-vous servi de ce que vous saviez déjà sur le sujet du texte pour mieux le comprendre ?

Source : Inspiré de Block et Mangieri, 2003.

Dans quelle mesure l'affirmation suivante me décrit-elle ?

	Extrêmement bien	Beaucoup	Très peu	Pas du tout
1. Je ne me considère pas comme un lecteur.	4	3	2	0
2. Je pense être un lecteur engagé.	4	3	2	0
3. J'aime prendre une journée pour lire.	4	3	2	0
4. Je retire beaucoup de satisfaction de mes lectures.	4	3	2	0
5. Je préfère regarder un film ou une émission de télévision plutôt que lire.	4	3	2	0
6. Honnêtement, je ne trouve pas la lecture très relaxante.	4	3	2	0

Calculez votre pointage : pour les questions 1, 5 et 6, inversez le nombre de points (0 = 4, 2 = 3, 3 = 2 et 4 = 0).

Si vous avez obtenu moins de 12 points, vous êtes un lecteur récalcitrant et vos élèves en sont probablement témoins. Si vous croyez à ce qui est écrit dans ce livre, il faut commencer dès maintenant à vous engager en lecture en vous basant sur vos domaines d'intérêt personnels.

Source : Traduit et adapté de Morrison, Jacobs et Swinyard (1999).

Si vous avez obtenu de 13 à 15 points, vous êtes un lecteur que l'on qualifie de désengagé. Vous ne lisez pas souvent, même si vous semblez parfois en éprouver du plaisir. Votre désengagement risque d'être perçu par vos élèves.

Si votre résultat se situe de 16 à 18 points, vous êtes probablement un lecteur qui manque de temps et d'occasions d'échanger avec les autres pour vous engager davantage. Toutefois, votre goût de lire est bien présent et il ne vous reste qu'à l'exploiter.

Si votre résultat dépasse 18 points, vous pouvez vous considérer comme un lecteur engagé. Espérons que vous savez modéliser cet engagement en classe. Plusieurs moyens sont offerts au chapitre 2.

Enfin, si votre résultat est de 22, 23 ou 24 points, vous faites partie des gens qui sont les plus engagés en lecture, ce qui est certainement bénéfique pour vos élèves si vous modélisez vos pratiques de lecture personnelles.

Source : Traduit et adapté de Morrison, Jacobs et Swinyard (1999).

1. Aimez-vous lire ?

☐ beaucoup   ☐ moyennement

☐ peu   ☐ pas du tout

2. Comment vous évaluez-vous en tant que lecteur ?

☐ bon lecteur   ☐ lecteur moyen

☐ lecteur peu habile   ☐ lecteur très malhabile

3. Donnez votre appréciation des genres qui suivent :

	Excellent	Bon	Peu intéressant	Jamais lu
a) roman d'amour	☐	☐	☐	☐
b) roman d'aventures	☐	☐	☐	☐
c) roman policier	☐	☐	☐	☐
d) roman historique	☐	☐	☐	☐
e) biographie	☐	☐	☐	☐
f) science-fiction	☐	☐	☐	☐
g) poésie	☐	☐	☐	☐
h) ouvrages documentaires	☐	☐	☐	☐
i) bandes dessinées	☐	☐	☐	☐
j) courts textes avec images	☐	☐	☐	☐
k) romans-photos	☐	☐	☐	☐
l) genre fantastique, Moyen Âge (gothique)	☐	☐	☐	☐
m) autre (précisez : _____)	☐	☐	☐	☐

4. Vous lisez surtout pour :

	Tout à fait d'accord	Assez d'accord	Assez en désaccord	Tout à fait en désaccord
a) rêver, vous évader	☐	☐	☐	☐
b) vous désennuyer	☐	☐	☐	☐
c) vous informer	☐	☐	☐	☐
d) vous cultiver	☐	☐	☐	☐

Source : Adapté de Lebrun (2004).

		Tout à fait d'accord	Assez d'accord	Assez en désaccord	Tout à fait en désaccord
e)	avoir de meilleurs résultats dans un cours	☐	☐	☐	☐
f)	mieux connaître les autres	☐	☐	☐	☐
g)	améliorer votre connaissance de vous-même	☐	☐	☐	☐
h)	trouver des modèles de vie	☐	☐	☐	☐
i)	découvrir ce qu'est la littérature	☐	☐	☐	☐
j)	par obligation	☐	☐	☐	☐
k)	autre (précisez : _____)	☐	☐	☐	☐

5. Indiquez si les énoncés suivants vous décrivent en tant que lecteur :

		Oui	Non
a)	Je peux lire pendant deux heures sans m'arrêter.	☐	☐
b)	J'aimerais avoir plus de temps pour lire.	☐	☐
c)	Quand je commence un livre, je le termine rapidement.	☐	☐
d)	Quand je lis, je suis tellement concentré que rien ne me dérange.	☐	☐
e)	Quand j'ai lu un livre passionnant, je le recommande à d'autres personnes.	☐	☐
f)	Quand je suis fatigué, la lecture m'apporte repos et détente.	☐	☐
g)	Il m'arrive de relire des livres que j'ai beaucoup aimés.	☐	☐

6. Si, depuis trois mois, vous avez fait des lectures libres, donnez les titres et votre appréciation de ces livres ou documents :

		Excellent	Bon	Passable	Peu intéressant
a)	_____	☐	☐	☐	☐
b)	_____	☐	☐	☐	☐
c)	_____	☐	☐	☐	☐
d)	_____	☐	☐	☐	☐
e)	_____	☐	☐	☐	☐

▶

Source : Adapté de Lebrun (2004).

7. À quel moment lisez-vous pour le plaisir?

☐ surtout le soir ☐ surtout pendant les vacances

☐ surtout durant la journée ☐ autre (précisez: _____)

☐ surtout les week-ends ☐ je ne lis pas pour le plaisir

8. Combien d'heures par semaine consacrez-vous aux activités suivantes?

	moins de 2 heures	de 2 à 5 heures	de 6 à 10 heures	de 11 à 20 heures	plus de 20 heures	ne s'applique pas
a) aux sorties	☐	☐	☐	☐	☐	☐
b) aux sports	☐	☐	☐	☐	☐	☐
c) au travail	☐	☐	☐	☐	☐	☐
d) à Internet	☐	☐	☐	☐	☐	☐
e) à la télévision	☐	☐	☐	☐	☐	☐
f) à la lecture loisir	☐	☐	☐	☐	☐	☐
g) à un autre loisir (musique, art, cours, etc.)	☐	☐	☐	☐	☐	☐
h) à d'autres travaux (universitaires, rénovation, etc.)	☐	☐	☐	☐	☐	☐

9. Fréquentez-vous une bibliothèque municipale (publique)? ☐ **Oui** ☐ **Non**

Si oui, depuis les trois derniers mois, combien de documents avez-vous empruntés à la bibliothèque municipale?

☐ aucun ☐ 1 ou 2 ☐ de 3 à 5

☐ de 6 à 10 ☐ plus de 10

10. À quelle fréquence allez-vous dans une librairie?

☐ jamais ☐ assez souvent

☐ presque jamais ☐ souvent

Source: Adapté de Lebrun (2004).

11. Depuis les trois derniers mois, combien de livres avez-vous achetés dans une librairie ?

☐ aucun   ☐ 1 ou 2   ☐ de 3 à 5

☐ de 6 à 10   ☐ plus de 10

12. Depuis les trois derniers mois, combien de magazines avez-vous achetés ?

☐ aucun   ☐ 1 ou 2   ☐ de 3 à 5

☐ de 6 à 10   ☐ plus de 10

13. Êtes-vous intéressé par les lectures :

	Oui	Non	Ne s'applique pas
a) de votre mère ?	☐	☐	☐
b) de votre père ?	☐	☐	☐
c) de votre conjoint ?	☐	☐	☐
d) de vos frères et sœurs ?	☐	☐	☐
e) de vos amis ?	☐	☐	☐
f) de vos enfants ?	☐	☐	☐
g) d'autres personnes ? (précisez : _____)	☐	☐	☐

14. Dans vos choix de lecture, vous êtes habituellement influencé par :

	Beaucoup	Moyennement	Très peu	Pas du tout
a) vos amis	☐	☐	☐	☐
b) des enseignants	☐	☐	☐	☐
c) votre famille	☐	☐	☐	☐
d) les bibliothécaires	☐	☐	☐	☐
e) la radio (critiques littéraires)	☐	☐	☐	☐
f) la télévision	☐	☐	☐	☐
g) le cinéma	☐	☐	☐	☐
h) la publicité imprimée	☐	☐	☐	☐
i) le titre	☐	☐	☐	☐
j) le thème ou le sujet	☐	☐	☐	☐

▶

Source : Adapté de Lebrun (2004).

		Beaucoup	Moyennement	Très peu	Pas du tout
k)	le nombre de pages	☐	☐	☐	☐
l)	la couverture	☐	☐	☐	☐
m)	la quatrième de couverture	☐	☐	☐	☐
n)	la notoriété (prix accordés à l'auteur)	☐	☐	☐	☐
o)	l'auteur	☐	☐	☐	☐
p)	la collection	☐	☐	☐	☐
q)	le résumé	☐	☐	☐	☐
r)	autre (précisez : _____)	☐	☐	☐	☐

15. À quelle fréquence avez-vous l'occasion de discuter de vos lectures avec une personne de votre entourage ?

☐ jamais ☐ rarement

☐ assez souvent ☐ souvent

16. Combien de livres estimez-vous qu'il y a à l'endroit où vous vivez principalement ?

☐ aucun ☐ moins de 50 ☐ de 51 à 100

☐ de 101 à 200 ☐ de 201 à 500 ☐ plus de 500

17. Parmi ces livres, environ combien sont à vous ?

☐ moins de 10 ☐ de 11 à 50

☐ de 51 à 100 ☐ plus de 100

18. Parmi les livres qu'il y a chez vous, y a-t-il

		Oui	Non
a)	des romans ?	☐	☐
b)	des bandes dessinées ?	☐	☐
c)	des livres pour enfants ?	☐	☐
d)	des livres documentaires (livres d'information, encyclopédies, etc.) ?	☐	☐

Source : Adapté de Lebrun (2004).

	Oui	Non
e) des livres de référence (dictionnaire, grammaire, etc.)?	☐	☐
f) des livres de recettes?	☐	☐
g) des essais?	☐	☐
h) des biographies?	☐	☐

19. Êtes-vous abonné à au moins un journal quotidien? ☐ **Oui** ☐ **Non**

Si oui, lequel ou lesquels? _____

Maintenant, je réfléchis.

En tenant compte de vos réponses au questionnaire précédent, répondez aux questions suivantes sur papier ou dans votre tête. Le but est de poser un regard réflexif sur vos pratiques et votre engagement en lecture.

Les questions 1 à 6 donnent une bonne idée de votre profil de lecteur, de vos goûts, de votre sentiment de compétence en lecture, des raisons pour lesquelles vous lisez et de vos lectures récentes.

- Pouvez-vous affirmer être un lecteur engagé? Pourquoi?
- Quand vous lisez, pourquoi le faites-vous? Votre motivation est-elle intrinsèque ou extrinsèque?
- Que lisez-vous le plus? Le moins?
- Avez-vous lu depuis les trois derniers mois?

Les questions 7 à 12 décrivent vos habitudes de lecture.

- Lisez-vous souvent? Pourquoi?
- Lisez-vous à des moments différents? Quand préférez-vous lire?
- Y a-t-il des activités auxquelles vous pourriez consacrer moins de temps afin de vous réserver du temps pour lire?
- Fréquentez-vous les bibliothèques et les librairies? Pourquoi?

Les questions 13 à 15 dévoilent vos occasions d'échanger sur la lecture.

- Avez-vous l'occasion de discuter de vos lectures et d'échanger à leur sujet? Avec qui?
- Aimeriez-vous vivre ce type d'échanges? Avec qui?

▶

Source: Adapté de Lebrun (2004).

Annexe 6 **97**

- Qui pourrait vous conseiller de bons livres?

Les questions 16 à 19 traitent de votre environnement littéraire.

- Avez-vous une belle variété de livres chez vous? Pourquoi? Est-ce que vous préférez emprunter des livres à la bibliothèque?
- Comment pourriez-vous accéder à des livres variés?
- Croyez-vous être à l'aise avec plusieurs types de textes courants et littéraires?

Enfin:

- Quel modèle de lecteur suis-je pour mes élèves?
- Quel souvenir vais-je leur laisser quant à mon amour pour la lecture?
- Qui, dans mon cercle professionnel ou social, peut m'aider à modéliser des comportements, des habitudes et des attitudes de lecteur engagé dans ma classe? Comment?

Source: Adapté de Lebrun (2004).

Chenelière/Didactique

Stratégies d'apprentissage et réussite au secondaire
Un passeport pour les élèves en difficulté
Esther Minskoff, David Allsopp
Adaptation : Hélène Boucher

Stratégies pour apprendre et enseigner autrement
Pierre Brazeau

Un cerveau pour apprendre
Comment rendre le processus enseignement-
apprentissage plus efficace
David A. Sousa

Un cerveau pour apprendre… différemment!
Comprendre comment fonctionne le cerveau des élèves
en difficulté pour mieux leur enseigner
David A. Sousa, Brigitte Stanké, Gervais Sirois

Une école pour apprendre
Jean Archambault, Chantale Richer

Vivre la pédagogie du projet collectif
Collectif Morissette-Pérusset

C CITOYENNETÉ ET COMPORTEMENT

Choisir de changer
Neuf stratégies gagnantes
Francine Bélair

Citoyens du monde
Éducation dans une perspective mondiale
Véronique Gauthier

Collection Rivière Bleue
Éducation aux valeurs par le théâtre
Louis Cartier, Chantale Métivier
• LES PETITS PLONGEONS (l'estime de soi, 6 à 9 ans)
• LES YEUX BAISSÉS, LE CŒUR BRISÉ (la violence,
  6 à 9 ans)
• SOIS POLI, MON KIKI (la politesse, 6 à 9 ans)
• AH! LES JEUNES, ILS NE RESPECTENT RIEN
  (les préjugés, 9 à 12 ans)
• COUP DE MAIN (la coopération, 9 à 12 ans)
• BRIS ET GRAFFITIS (le vandalisme, 9 à 12 ans)
• CAPRICES ET PETITS BOBOS (les caprices, 6 à 9 ans)
• ARRÊTE, CE N'EST PAS DRÔLE! (l'intimidation, 9 à
  12 ans)

Droits et libertés… à visage découvert
Au Québec et au Canada
Sylvie Loslier, Nicole Pothier

Et si un geste simple donnait des résultats…
Guide d'intervention personnalisée auprès des élèves
Hélène Trudeau et coll.

Il n'était pas comme les autres
Récit didactique sur les comportements d'opposition
Camil Sanfaçon

J'apprends à être heureux
Robert A. Sullo

**La réparation: pour une restructuration
de la discipline à l'école**
Diane C. Gossen
• MANUEL
• GUIDE D'ANIMATION

La théorie du choix
William Glasser

**L'éducation aux droits et aux responsabilités
au primaire**
*Commission des droits de la personne et des droits
de la jeunesse du Québec*

**L'éducation aux droits et aux responsabilités
au secondaire**
*Commission des droits de la personne et des droits
de la jeunesse du Québec*

Mon monde de qualité
Carleen Glasser

**PACTE: Un programme de développement
d'habiletés socio-affectives**
B. W. Doucette, S. M. Fowler
• TROUSSE POUR 4e À 7e ANNÉE (PRIMAIRE)
• TROUSSE POUR 7e À 12e ANNÉE (SECONDAIRE)

Programme d'activités en service de garde
Activités pédagogiques journalières
Andrée Laforest
• TOME 1
• TOME 2

Vivre en équilibre
Des outils d'animation et d'intervention de groupe
Francine Bélair

Ec ÉDUCATION À LA COOPÉRATION

Ajouter aux compétences
Enseigner, coopérer et apprendre au postsecondaire
Jim Howden, Marguerite Kopiec

Apprendre la démocratie
Guide de sensibilisation et de formation selon
l'apprentissage coopératif
C. Évangéliste-Perron, M. Sabourin, C. Sinagra

Apprenons ensemble
L'apprentissage coopératif en groupes restreints
Judy Clarke et coll.

Coopérer à cinq ans
*Johanne Potvin, Caroline Ruel, Isabelle Robillard,
Martine Sabourin*

Coopérer pour réussir
Scénarios d'activités coopératives pour développer
des compétences
*M. Sabourin, L. Bernard, M.-F. Duchesneau, O.
Fugère, S. Ladouceur, A. Andreoli, M. Trudel, B.
Campeau, F. Gévry*
• PRÉSCOLAIRE ET 1er CYCLE DU PRIMAIRE
• 2e ET 3e CYCLES DU PRIMAIRE

Découvrir la coopération
Activités d'apprentissage coopératif
pour les enfants de 3 à 8 ans
B. Chambers et coll.

Je coopère, je m'amuse
100 jeux coopératifs à découvrir
Christine Fortin

La coopération au fil des jours
Des outils pour apprendre à coopérer
Jim Howden, Huguette Martin

La coopération en classe
Guide pratique appliqué à l'enseignement quotidien
Denise Gaudet et coll.

La coopération : un jeu d'enfant
De l'apprentissage à l'évaluation
Jim Howden, France Laurendeau

L'apprentissage coopératif
Théories, méthodes, activités
Philip C. Abrami et coll.

Le travail de groupe
Stratégies d'enseignement pour la classe hétérogène
Elizabeth G. Cohen

Projets et coopération au cœur de nos actions
Brigitte Gagnon, Nancy Saint-Hilaire

Structurer le succès
Un calendrier d'implantation de la coopération
Jim Howden, Marguerite Kopiec

E   ÉVALUATION ET COMPÉTENCES

Comment construire des compétences en classe
Des outils pour la réforme
Steve Bissonnette, Mario Richard

L'évaluation des compétences
Documenter le parcours de développement
Jacques Tardif

Le plan de rééducation individualisé (PRI)
Une approche prometteuse pour prévenir
le redoublement
Jacinthe Leblanc

Le portfolio
Évaluer pour apprendre
Louise Dore, Nathalie Michaud, Libérata Mukarugagi

Le portfolio au secondaire
Georgette Goupil, Guy Lusignan

**Le portfolio au service de l'apprentissage
et de l'évaluation**
Roger Farr, Bruce Tone
Adaptation française : Pierrette Jalbert

**Le portfolio de développement professionnel
continu**
Richard Desjardins

Le portfolio orientant
Manon Comtois

Portfolios et dossiers d'apprentissage
Georgette Goupil
• VIDÉOCASSETTE

Profil d'évaluation
Une analyse pour personnaliser votre pratique
Louise M. Bélair
• GUIDE DU FORMATEUR

G   GESTION DE CLASSE

À la maternelle… voir GRAND !
Louise Sarrasin, Marie-Christine Poisson

Apprivoiser les différences
Guide sur la différenciation des apprentissages et
la gestion des cycles
Jacqueline Caron

Apprendre… c'est un beau jeu
L'éducation des jeunes enfants dans un centre
préscolaire
M. Baulu-MacWillie, R. Samson

Bien s'entendre pour apprendre
Réduire les conflits et accroître la coopération,
du préscolaire au 3e cycle
*Lee Canter, Katia Petersen, Louise Dore,
Sandra Rosenberg*

Construire une classe axée sur l'enfant
S. Schwartz, M. Pollishuke

Créer un livre collectif une page à la fois
France Turcotte

Découvrir la langue par la magie des contes
Mireille Baulu-MacWillie, Barbara Le Blanc

Je danse mon enfance
Guide d'activités d'expression corporelle et de jeux
en mouvement
Marie Roy

L'avant-première
Projets et découvertes pour le préscolaire
Monique Drapeau

La classe différenciée
Carol Ann Tomlinson

La multiclasse
Outils, stratégies et pratiques pour la classe
multiâge et multiprogramme
Colleen Politano, Anne Davies
Adaptation française : Monique Le Pailleur

Le conseil de coopération
Un outil pédagogique pour l'organisation de la vie
de classe et la gestion des conflits
Danielle Jasmin

L'enfant-vedette (vidéocassette)
Alan Taylor, Louise Sarrasin

Ma première classe
Stratégies gagnantes pour les nouveaux enseignants
Teresa Langness, Hélène Bombardier, Elourdes Pierre

Moi, j'apprends en jouant
Rosine Deschênes

Pirouettes et compagnie
Jeux d'expression dramatique, d'éveil sonore et de
mouvement pour les enfants de 1 an à 6 ans
Veronicah Larkin, Louie Suthers

Quand les enfants s'en mêlent
Ateliers et scénarios pour une meilleure motivation
Lisette Ouellet

Quand revient septembre...
Jacqueline Caron
• GUIDE SUR LA GESTION DE CLASSE PARTICIPATIVE
(VOLUME 1)
• RECUEIL D'OUTILS ORGANISATIONNELS (VOLUME 2)

Une enfance pour s'épanouir
Des outils pour le développement global de l'enfant
Sylvie Desrosiers, Sylvie Laurendeau

L LANGUE ET COMMUNICATION

À livres ouverts
Activités de lecture pour les élèves du primaire
Debbie Sturgeon

Approcher l'écrit à pas de loup
Marie-France Morin, Isabelle Montésinos-Gelet

Attention, j'écoute
Jean Gilliam DeGaetano

b, d, p, q... Au jeu
Prenez plaisir à reconnaître les lettres coquines
qui s'acoquinent
Andrée Gaudreau

Chacun son rythme!
Activités graduées en lecture et en écriture
Hélène Boucher, Sylvie Caron, Marie F. Constantineau

Chercher, analyser, évaluer
Activités de recherche méthodologique
Carol Koechlin, Sandi Zwaan

Conscience phonologique
*Marilyn J. Adams, Barbara R. Foorman,
Ingvar Lundberg, Terri Beeler*

Corriger les textes de vos élèves
Précisions et stratégies
Julie Roberge

Cultiver le goût de lire et d'écrire
Enseigner la lecture et l'écriture par une
approche équilibrée
Jocelyne Prenoveau

De l'image à l'action
Pour développer les habiletés de base nécessaires aux
apprentissages scolaires
Jean Gilliam DeGaetano

Écouter, comprendre et agir
Activités pour développer les habiletés d'écoute,
d'attention et de compréhension verbale
Jean Gilliam DeGaetano

Émergence de l'écrit
Éducation préscolaire et premier cycle du primaire
Andrée Gaudreau

Enseigner l'oral au secondaire
Séquences didactiques intégrées et outils d'évaluation
Lizanne Lafontaine

Enseigner la lecture : revenir à l'essentiel
Reggie Routman, Élaine Turgeon

Entre les lignes
Textes et activités pour développer des compétences
en français au secondaire
Hélène Boucher, Danielle Côté

Histoire de lire
La littérature jeunesse dans l'enseignement
quotidien
Danièle Courchesne

L'apprenti lecteur
Activités de conscience phonologique
Brigitte Stanké

L'Apprenti Sage
Apprendre à lire et à orthographier
Brigitte Stanké

L'art de communiquer oralement
Jeux et exercices d'expression orale
Cathy Miyata, Louise Dore, Sandra Rosenberg

L'extrait, outil de découvertes
Le livre au cœur des apprentissages
Hélène Bombardier, Elourdes Pierre

La lecture et les garçons
Jean-Guy Lemery

La lecture partagée
Sue Brown, Léo-James Lévesque

Le français en projets
Activités d'écriture et de communication orale
Line Massé, Nicole Rozon, Gérald Séguin

Le récit en 3D
Brigitte Dugas

Le sondage d'observation en lecture-écriture
Mary Clay, Gisèle Bourque, Diana Masny
• Livret LES ROCHES
• Livret SUIS-MOI, MADAME LA LUNE

Le zoo des sons
2 jeux vraiment chouettes pour apprivoiser les sons
de la langue
Andrée Gaudreau

Le théâtre dans ma classe, c'est possible !
Lise Gascon

Les cercles littéraires
Harvey Daniels, Élaine Turgeon

Les orthographes approchées
Une démarche pour soutenir l'appropriation de
l'écrit au préscolaire et au primaire
Isabelle Montésinos-Gelet et Marie-France Morin

Lire et écrire à la maison
Programme de littératie familiale favorisant
l'apprentissage de la lecture
Lise Saint-Laurent, Jocelyne Giasson, Michèle Drolet

Lire et écrire au secondaire
Un défi signifiant
Godelieve De Koninck
Avec la collaboration de Réal Bergeron et Marlène
Gagnon

Lire et écrire en première année...
et pour le reste de sa vie
Yves Nadon

Madame Mo
Cédérom de jeux pour développer des habiletés
en lecture et en écriture
Brigitte Stanké

PhonoCartes
4 jeux de cartes amusants pour exploiter diverses
activités phonologiques
Brigitte Stanké

PhonoSons
Un jeu amusant qui explore six opérations
phonologiques
Andrée Gaudreau

Plaisir d'apprendre
Louise Dore, Nathalie Michaud

Quand lire rime avec plaisir
Pistes pour exploiter la littérature jeunesse en classe
Élaine Turgeon

Question de réflexion
Activités basées sur les 42 concepts langagiers
de Boehm

Une phrase à la fois
Brigitte Stanké, Odile Tardieu

P   PARTENARIAT ET LEADERSHIP

Avant et après l'école
Mise sur pied et gestion d'un service de garde en
milieu scolaire
Sue Tarrant, Alison Jones, Diane Berger

Communications et relations entre l'école
et la famille
Georgette Goupil

Devoirs sans larmes
Lee Canter
- GUIDE À L'INTENTION DES PARENTS POUR MOTIVER
  LES ENFANTS À FAIRE LEURS DEVOIRS ET À RÉUSSIR
  À L'ÉCOLE
- GUIDE POUR LES ENSEIGNANTES ET LES ENSEIGNANTS
  DE LA 1re À LA 3e ANNÉE
- GUIDE POUR LES ENSEIGNANTES ET LES ENSEIGNANTS
  DE LA 4e À LA 6e ANNÉE

Enseigner à l'école qualité
William Glasser

Le leadership en éducation
Plusieurs regards, une même passion
Lyse Langlois, Claire Lapointe

Nouveaux paradigmes pour la création
d'écoles qualité
Brad Greene

Pour le meilleur... jamais le pire
Prendre en main son devenir
Francine Bélair

S   SCIENCES ET MATHÉMATIQUES

Calcul en tête
Stratégies de calcul mental pour les élèves
de 8 à 12 ans
Jack A. Hope, Barbara J. Reys, Robert E. Reys

Calcul en tête (13 à 15 ans)
Stratégies de calcul mental pour les élèves
de 13 à 15 ans
Jack A. Hope, Barbara J. Reys, Robert E. Reys

Cinq stratégies gagnantes pour l'enseignement
des sciences et de la technologie
Laurier Busque

De l'énergie, j'en mange !
Alimentation à l'adolescence : information
et activités
Carole Lamirande

Question d'expérience
Activités de résolution de problèmes en sciences
et en technologie
David Rowlands

Sciences en ville
J. Bérubé, D. Gaudreau

Supersciences
Susan V. Bosak
- À LA DÉCOUVERTE DES SCIENCES
- L'ENVIRONNEMENT
- LE RÈGNE ANIMAL
- LES APPLICATIONS DE LA SCIENCE
- LES ASTRES
- LES PLANTES
- LES ROCHES
- LE TEMPS
- L'ÊTRE HUMAIN
- MATIÈRE ET ÉNERGIE

7001, boul. Saint-Laurent, Montréal (Québec) Canada H2S 3E3
Tél.: 514 273-1066 • Téléc.: 514 276-0324 ou 1 800 814-0324 • Service à la clientèle: 514 273-8055 ou 1 800 565-5531
www.cheneliere.ca • info@cheneliere.ca